웰컴!
유럽 여행

웰컴!
유럽 여행

초판 1쇄 인쇄 | 2023년 7월 28일
초판 1쇄 발행 | 2023년 8월 4일

지은이 | 한휘경
펴낸이 | 박영욱
펴낸곳 | 깊은나무

주　소 | 서울시 마포구 월드컵로 14길 62 북오션빌딩
이메일 | bookocean@naver.com
네이버포스트 | post.naver.com/bookocean
페이스북 | facebook.com/bookocean.book
인스타그램 | instagram.com/bookocean777
유튜브 | 쏠쏠TV · 쏠쏠라이프TV
전　화 | 편집문의: 02-325-9172　영업문의: 02-322-6709
팩　스 | 02-3143-3964

출판신고번호 | 제2013-000006호

ISBN 979-11-91979-38-1 (03920)

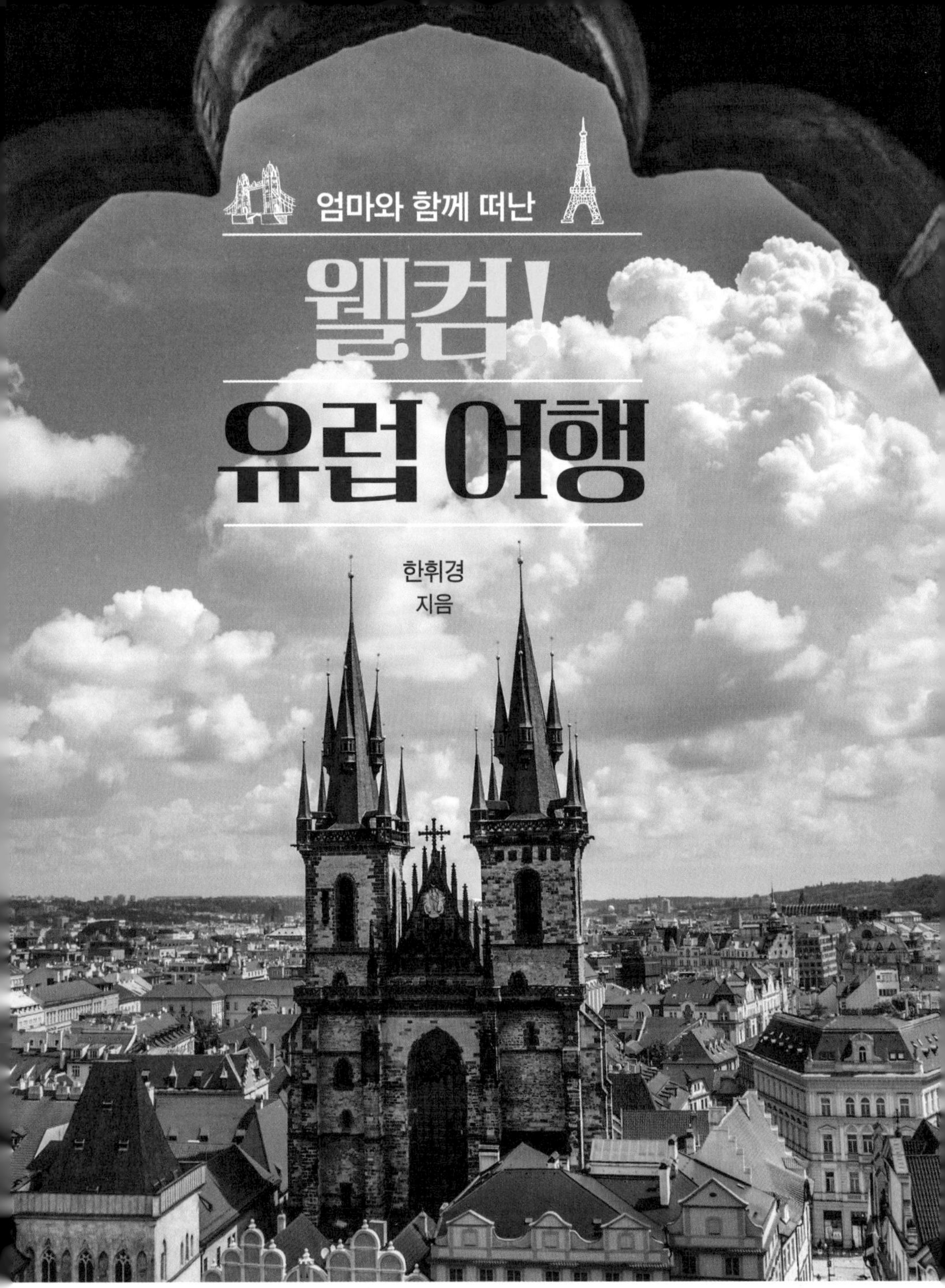

엄마와 함께 떠난

웰컴! 유럽 여행

한휘경
지음

깊은나무

Prologue

엄마와 떠나는 50일간의 유럽 여행

"저기 한번 가 보고 싶다."

엄마의 말 한마디가 날 움직였다. 엄마가 여행을 얼마나 사랑하는지 알기 때문에. 또 그만큼 나도 여행을 사랑하기에 떠날 용기가 생겼다.

엄마랑 여행 간다는 말에 그것도 50일을 계획하고 있다는 말에 친구들의 반응은 비슷했다.

"엄마랑 그렇게 오래 붙어있으면 안 싸워?"

한국에서도 공부 안 할 때, 집에 늦게 들어갔

을 때 혼난 정도지 엄마와 싸워 본 적은 없었다. 그마저도 여행 가서는 그럴 일이 없을 테니 다툴 일도 없을 거 같았다. 거기다 사실 나는 엄마와 친했다. 딸은 엄마를 닮아간다는데, 그래서 그런 건지는 몰라도 장단이 잘 맞는 친한 친구처럼 케미가 좋았다.

'세상이 많이 변해 엄마는 잘 모르니 네가 알아서 찾아봐.'라는 엄마의 막중한 임무를 받았다. 혼자서 처음 가보는 곳에 대한 계획을 세우려니 조금은 외롭고 버겁기도 했다. 남이 시키는 대로만 하던 내가 주체적으로 책임지고 찾아보는 건 이번 여행이 처음이었다. 돈만 많았어도 즉흥적으로 흘러가는 대로 하는 여행을 했겠지만, 더치페이로 하는 유럽 여행이다 보니 신경 쓸 부분이 많았다. 거기에 욕심에 욕심이 더해지니 계획은 한도 끝도 없었다.

가면 어떻게든 되겠지 싶었지만 공항에 발을 디딘 순간부터 내 계획대로 흘러가지 않는다는 걸 깨닫는 데는 그리 시간이 오래 걸리지 않았다. 한국에서 50일 치를 예상하고 갔지만 현지에서 일이 생겨 일정이 꼬여버렸다. 거기에 계획에 없던 엄마와의 갈등까지. 당황스러움, 언짢음, 서운함…. 복잡한 심경에 화가 나기도, 울어버리기도 했다.

엄마를 잘 알고 있다고 생각했지만, 여행을 통해 엄마를 다시 알게 됐다. 그리고 나

의 진짜 모습도. 흘러가는 대로 살았던 한국에서의 삶에서 갑자기 타지에 던져지니 하루하루 도전과제를 해결해 나가야 했다. 도전과는 거리가 멀었던 나는 계획에서 틀어지는 일이 생길 때마다 스트레스를 받았다. 하지만 엄마는 달랐다.

"내일은 또 무슨 일이 일어날까?"
엄마의 질문 의도는 무엇이었을까.

여행을 왜 가는 걸까. 즐겁고 행복하기 위해서? 하지만 실제로 가보면 예상치 못한 일, 이동의 피곤함, 불편한 갈등 등 썩 유쾌하지 않은 일도 자주 맞닥뜨리게 된다. 그런데도 여행을 가는 이유는 뭘까? 그걸 지나고 난 뒤에 펼쳐진 멋진 풍경, 맛있는 음식, 사랑하는 사람과 함께하는 즐거움 등이 아닐까. 이런 걸 보고 여행이 인생과 비슷하다고 하는 거겠지?

그게 엄마가 얘기한 "내일은 또 무슨 일이 일어날까?"인 것 같다. 인생의 데이터가 많이 쌓이지 않은 내겐 그런 사소한 문제 하나하나가 큰 바람처럼 불어닥쳤지만, 엄마에게는 다음 과정에 가기 위한 발돋움 판이었으려나. 그렇게 생각하니 여행이 여행다워졌다. 불쾌한 일도, 사소한 갈등도 모두 재밌는 에피소드와 추억이 될 뿐이었다. 그리고 함께하면 해결할 수 있다는 믿음도 생겼다.

그래서 엄마의 그 문장 뒤에 내가 한 문장 더

덧대었다.

“무슨 일이 일어나든, 우리는 어쨌든 해낼 거니까.”

이 책엔 단순히 엄마와 있었던 에피소드만 적어둔 것이 아니다. 감정뿐만 아니라 장소에 대한 섬세한 묘사와 정보들까지 담았다. 가족과 함께 유럽 여행을 계획하고 있는 사람이라면, 더 나아가 여행을 떠나려는 사람들, 이미 여행을 다녀왔지만, 여행지에 대한 추억을 다시 돌아보고 싶은 사람들을 위한 책이다.

50일 동안 90번 이상 기차를 타고 열심히 유럽을 이리저리 돌아다니며 기록한 이야기, 엄마와 함께했기에 더 소중한 이야기, 여행을 통해 깨달았던 이야기. 그 소중한 기록들을 솔직하게 담아냈다.

Contents

Chap. 4 네덜란드

Chap. 5 독일

Chap. 6 오스트리아

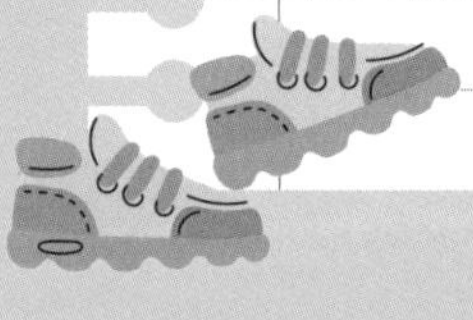

Chap. 7 이탈리아

Chap. 8 스위스

Chap. 9 프랑스

Chap. 10 여행 전 체크해야 할 것들

Chap. 1

여행 가자!

01 가도 되는 걸까?

우리 진짜 가는 거야?

“엄마랑 여행을 간다고? 단둘이? 그것도 50일이나? 난 못 갈 듯….”

엄마와 50일 동안 여행을 간다고 했을 때, 친구들의 반응은 대부분 이랬다. 엄마와 사이가 좋든 아니든 50일을 붙어 있기엔 가깝고도 먼 사이여서 그럴까.

엄마와 여행 가기로 마음먹고 준비를 한 지 반년, 드디어 출국일이다. 여행 준비만 해도 이미 마음은 여행을 가 있는 듯 하루하루가 설레었다. 기대와 설렘, 그리고 약간의 긴장 때문에 밤을 꼬박 새웠다.

집을 나서기 전, 짐을 빼먹은 게 없는지 서너 번이나 확인했지만 마음이 놓이진 않았다. 꼭 여행지에 도착하고 나서야 두고 온 것이 생각나기 때문이다. 그렇다고 계속 꾸물거릴 수는 없었다. 이번엔 잘 챙겼겠지,

하는 마음으로 출발을 했다.

아빠가 차로 서울역까지 태워다주었다. 서울역 지하 주차장에 차를 세워두고 캐리어를 꺼냈다. 편한 여행 하려고 360도 잘 굴러가는 바퀴가 달린 캐리어로 새로 샀는데, 바퀴가 너무나 잘 굴러서인가 자동차 트렁크 그물에 걸려 버렸다. 마음이 급한 나머지 바퀴를 돌려가면서 빼려고 했지만, 그물에 바퀴가 더 엉켜서 나중엔 꽁꽁 묶여 버렸다.

갑자기 머릿속에 예전에 얼핏 들어 본 이야기가 생각났다. 비행기를 타야 하는데 갑자기 배탈이 나서 화장실에서 볼일을 보다 비행기를 놓쳤는데 그 비행기가 사고가 났다는 이야기다.

사소한 것까지 의미 부여 하며 살기엔 피곤한 세상이지만, 우리의 캐리어를 꽉 붙잡고 있는 트렁크를 보니 마음이 심란해졌다. 나뿐만 아니라 엄마, 아빠도 같은 생각을 했을 것 같았다. 하지만 그건 그거고. 트렁크 구석에서 가위를 꺼내 그물을 잘라냈다. 너덜너덜한 그물을 뒤로 하고 지하철 타는 곳으로 갔다.

다들 긴장한 탓인지 말수가 급격히 줄어들었다. 개찰구에서 아빠와 인사하고 지하철을 타러 갈 때도 엄마와 나는 우왕좌왕했다. 평소에 실수하지 않던 일인데, 시작부터 피곤하고 자잘하게 일이 많이 생겨서 지쳤다.

'이 여행 가도 되는 걸까? 왜 이리 여행을 못 가게 막는 것 같지. 기분 탓인가….'

그래도 수속과 출국심사는 금방 끝나서, 면세점 돌아다니며 구경하니 긴장이 많이 풀렸다. 엄마는 감기 기운이 있어서 홍삼을 사 드셨다. 비행기 타기 전까지 의자에 앉아 가방 정리하면서 엄마랑 수다를 한참 떨었다. 우리가 탈 비행기를 보니 이제야 진짜 여행 가는 기분이 들었다.

"우리 진짜 가는 거야? 아직도 실감이 안 나!"

비행기의 낭만. 이걸 보려고 항상 창가 자리를 고집한다.

02 다시 집에 가고 싶다

벌써 삐걱삐걱

영국에 도착했다. 확실히 날이 선선하고 흐렸다. 비는 안 왔지만, 하늘이 우중충했다. '영국이니까.' 이 말 한마디로 이 날씨는 용서가 됐다.

히스로 공항에서 런던 시내까지는 꽤 멀었기 때문에 숙소를 공항 근처로 잡았다. 구글 지도가 알려준 대로 열심히 공항에서 걸어 나왔다. 갑자기 주차장이 나왔다. 처음엔 주차장 뒤쪽으로 넘어가면 길이 있겠지 싶어서 캐리어를 끌고 열심히 걸어갔다. 하지만 가면 갈수록 걸어갈 수 없는 자동차 전용 도로가 나왔다. 다시 구글 지도를 보면서 헤매는데 뒤에서 엄마가 작게 구시렁거리는 소리가 들렸다.

"뭐 이런 곳에 호텔을 잡았어."

순간 서운한 마음이 올라왔다. '공항과 그나마 가까운 곳이고, 나도 여기 처음 와 봐서 잘 몰라요.'라는 말이 목까지 차올랐지만 참았다. 엄

한참이나 비행기 구경한 창문

마가 컨디션이 좋지 않고 긴장하셔서 그랬을 거라 생각했다. 여행 첫 시작부터 갈등의 씨앗을 만들고 싶지 않았다.

엄마가 계속 길을 물어보라고 하신다. 남에게 말 거는 것에 익숙하지 않고, 핸드폰으로 찾으면 되는데 자꾸 아무한테나 말을 걸라고 하니 짜증이 났다. 하지만 이미 길을 잃은 나에게 발언권은 없었다. 결국 용기내서 경찰 아저씨에게 길을 물었다.

"혹시 이 호텔에 가려면 어떻게 해야 하나요?"

"공항으로 들어가서 위층으로 올라간 다음 유리문 통과해서 어쩌고 저쩌고…."

갑자기 들어온 많은 정보를 머릿속에 다 담지 못했다. 공항 터미널 안으로 다시 들어가서 기억나는 데까지 가니 여러 호텔에 갈 수 있는 간판이 있었다. 왜 이 간판을 보지 못했을까.

호텔에 들어와 체크인하고 나서야 엄마는 마음의 여유가 생긴 듯했다. 짐 정리를 한 후 큰 창문 앞에 있는 소파에 앉아 밖을 바라보았다. 공항 옆 호텔이어서 비행기가 이착륙하는 것이 잘 보였다.

누구는 여행의 아쉬움을 남긴 채 떠났을 것이고, 누구는 설렘을 안은 채 도착했을 것이다. 우리는 후자였다. 앞으로 남은 50일, 모든 것을 내가 다 책임지고 다녀야 하는 여행이다. 무언가 책임진다는 것은 참 부담스러운 일이다. 성인이 됐을 때 '앞으로 네 인생은 너 자신이 책임져야 해.'라는 말은 들었을 때도 실감이 나지 않았는데, 이렇게 직접 겪으니 책임이 주는 무게를 몸소 깨달았다.

엄마와 함께하는 여행이었는데, 첫날 깨달았다. 어쩌면 내가 엄마를 이끌고 가야 하는 여행이 될 수도 있다는 걸. 하루하루 별 탈 없이 잘 지내기만을 바라는 마음으로 잠이 들었다.

Chap. 2

영국

통화	파운드 £ (1파운드 : 약 1,500원대)
전압	240V
언어	영어

알아두면 좋은 점

▶팁

- 서비스 비용이 가격에 포함되는 경우가 많다. 포함되어 있지 않다면 10~15%.
- 서비스가 마음에 들었을 경우 거스름돈 정도 준다고 생각.

▶에티켓

- 길을 가다가 타인과 조금만 스치는 듯해도 "Sorry." 부딪힐 것 같으면 양보! 신체적인 접촉을 꺼리니 주의. 악수도 썩 좋아하지는 않음. (힘 덜 주는 악수)
- 개인적인 질문은 되도록 하지 말자.
- 건물에 들어갈 때는 뒷사람을 위해 문을 잡아주자.
- 에스컬레이터 왼편은 걷거나 뛰는 공간. 오른쪽에만 서 있자.
- 식당에 들어가 자리 안내받을 때까지 기다려야 한다.
- 상대방의 음식을 나눠 먹지 않고 본인의 음식만 먹는다.
- 큰 그릇에 음식이 나왔을 땐, 상대방에게 그릇을 건네달라고 해서 덜어 먹자.

- 음식을 먹을 땐 입을 다물고 소리는 내지 않고 먹는다.
- 식사 중에 코를 푸는 건 괜찮지만, 훌쩍이는 건 무례한 행동.
- 주머니에 손을 넣고 이야기하는 것은 실례.
- 길거리에 절대 침을 뱉어선 안 된다.
- 사다리 밑으로 지나가거나, 실내에서 우산을 펴는 행동을 불길하게 여긴다.
- 손등을 바깥으로 한 V자 사인은 '내가 널 죽일 수 있다'라는 뜻.

▶ 런던의 대부분 박물관은 무료이다.(대영박물관, 내셔널갤러리, 테이트 모던, 자연사 박물관 등)

▶ 변덕스러운 날씨이므로 우산을 꼭 챙기자.

▶ 신용카드 사용이 가능.

01 친절한 영국 사람들 / 영국

런던 숙소에 가기까지

아침 일찍 눈을 떴다. 전날 몸 고생 마음고생을 하다 보니 지쳐서 일찍 잠들어서였을까, 알람도 없이 일어났다. 창밖을 보니 이른 아침부터 비행기들은 분주히 움직였다. 부스스한 모습으로 비행기가 뜨고 내리는 것만 넋 놓고 보고 있었다.

런던으로 갈 준비를 했다. 소매치기 얘기를 많이 들었던지라 복대를 바지 속에 넣어 두었다. 복대에는 여권, 큰돈 등을 넣었다. 엄마에게도 복대를 해두고 단단히 준비하고 나왔다.

처음으로 지하철을 타러 가야 할 때 오이스터 카드를 사야 한다고 들었다. 지하철역으로 들어가니 자동판매기가 있었다. 이미 머릿속으로 예습을 많이 해서 금방 할 수 있을 줄 알았다. 충전하는 버튼 선택하고 돈을 넣으려 했는데 자꾸 돈을 뱉었다. 구겨진 돈도 아니었는데 충전이 안 되니 난감했다. '어떻게 해야 하지?' 하고 있을 때 주변으로 사람들이 몰리는 것이 느껴졌다.

'어리바리한 여행객처럼 보여서 도와주는 척하면서 소매치기하러 온 건가?'

고개를 들어보니 역무원 직원분들이었다. 이렇게 여러 명이 한꺼번에 도와주러 올 줄 몰랐다. 하지만 나의 의심병은 거기서도 계속됐다. '혹시나 멀쩡한 옷을 입고 있는 소매치기 아닐까.'라고 생각하고 있을 때 직원 중 한 명이 10파운드짜리 말고 50파운드짜리를 넣어보라고 했다. 하필 숙소에서 나올 때 복대에 큰돈들은 바지 안쪽 깊숙이 넣어 두었던 기억이 났다. 엄마의 복대에는 돈을 넣어두지 않아서 모든 시선이 나의 복대로 머물렀다. 긴장과 부끄러움으로 몸에 열이 나기 시작했다. 안 그래도 영국이 춥다고 해서 입을 수 있는 얇은 옷 다 겹쳐 입고 머플러까지 한 마당에 몸에 열까지 나니 등에 식은땀이 나기 시작했다. 역무원 직원은 알아서 버튼을 착착 눌러주었고, 엄마와 나의 카드는 금방 완성되었다.

"Thank you!"

"You're welcome. Enjoy your trip!"

간단한 인사를 마치고 기분 좋게 가벼운 발걸음으로 지하철을 타러 갔다. 지하철 노선도를 보는데 우리나라 지하철이랑 노선 색깔이 비슷해 보였다.

"엄마 앞으로 1호선 타고 쭉 가다가 2호선으로 갈아타면 돼."

최대한 알기 쉽게 설명해 주고 지하철을 탔다. 벽에 붙어 있는 지하철 노선도만 바라보고 있었다. 대충이라도 알고 있어야 대처가 가능할 것 같았다. 볼거리를 아직 하나도 보지 못했는데, 벌써 지쳤다. 어제에 이어서 계속 예상했던 것과는 조금씩 다르게 흘러가는 것들도 있었고, 얼렁뚱땅 해결을 해나가기는 하는데 에너지 소모가 심했다. 하지만 엄마는 그래 보이지 않았다. 놀러 가서 신난다는 표정을 한 엄마에게 한마디

했다.

"엄마 나 믿지 마."

여행 첫날부터 나의 자신감은 바닥을 쳤다. 이렇고 저런 일에 책임감까지 떠안으려니 자신감은 더욱 떨어졌다. 나중에 엄마에게 얘기 들어보니, '저렇게 얘기한들 어떻게 하나~ 열심히 다녀야지.' 하고 가볍게 넘겼다고 한다.

어느 한 역에서 문이 열리더니 사람들이 다 우르르 나갔다. 엄마와 나는 빅토리아역에서 내려야 했기 때문에 계속 기다렸다. 하지만 지하철 문은 닫히지 않았고 10분쯤 지나고서야 뭔가 이상함을 깨닫고 내렸다. 알고 보니 방향을 잘못 잡은 것이었다. 몇 번이나 꼬이는 것에 싫증이 난 나는 급기야 짜증이 나기 시작했다.

맞은편으로 가면 된다고 생각했지만, 엄마는 사람들에게 직접 확인해 보고 싶었나 보다. 저쪽에 서 계시는 할아버지에게 길을 계속 물어보라고 하셨다.

"실례합니다. 혹시 빅토리아역에 가려면 어떻게 가야 하나요?"

"여기 앞 계단 올라가서 저 건너편으로 내려가면 돼요."

"감사합니다."

"제가 도와줄게요."

할아버지는 갑자기 엄마와 나의 캐리어를 드시더니 계단을 타고 올라가셨다. 갑작스레 일어나서 "아니에요. 괜찮아요!"를 외쳤지만, 성큼성큼 올라가셨다. 내려갈 때는 좀 더 쉽게 내려갈 수 있을 거라고 하고 다시 돌아가셨다. 정말 감사하다고 계속 인사를 했다. 곧이어 지하철이 오기 시작했다. 할아버지는 우리가 걱정되셨는지 지하철에 탈 때까지도 계속 쳐다보셨다. 지하철을 타고 자리에 앉으니 손을 두어 번 흔드시고 뒤돌아서 자신의 지하철을 기다렸다. 영국 사람들이 친절하다는 말은 많이 들었는데 맞는 말인 것 같았다.

비록 지하철을 타면서 지쳤지만, 그래도 옆에서 우리가 잘 타고 갈 수 있도록 중간마다 도와주는 친절한 사람들이 있어서 참 다행이었다. 긴장은 점점 풀려가고 마음이 따뜻해진 채로 빅토리아역에 안전하게 잘 도착했다.

작은 친절과 베풂이 두고두고 마음속에 남아있는 걸 보니 쌀쌀했던 런던에서 겪은 사람들의 작은 호의가 꽤 인상 깊었나 보다.

02 런던 속 작고 알록달록한 마을 / 노팅힐

사랑스러운 노팅힐 골목

목에 카메라를 메고 본격적으로 관광을 시작했다. 노팅힐은 아까 타고 왔던 CIRCLE 라인을 타고 가면 나온다. 아침에 지하철 3번 타봤다고 벌써 익숙해졌다. 노팅힐 게이트 역에 내려서 걷다 보면 점점 알록달록한 마을로 갈 수 있다.

집집마다 예쁘게 페인트칠을 해놓고 정원과 꽃도 예쁘게 꾸며두었다. 골목마다 다 예쁜 집들과 아기자기한 상점들이 모여있는 노팅힐은 정말 보기만 해도 즐거운 마을이었다. 엄마는 정원이 있는 집에서 꽃을 찍었고, 나는 알록달록한 집들을 찍었다. 골목이 다 비슷비슷하지만 조금씩 다르게 생겼다.

포토벨로 마켓 거리

포토벨로 마켓

노팅힐 마을 안쪽으로 가다 보면 포토벨로 로드가 있었다. 그곳엔 많은 가게와 장터가 열렸다. 골동품, 기념품부터 옷, 잡화, 음식 등 다양한 것들을 판다. 약 2km 정도의 긴 상점 도로여서 그런지 구경거리도 참 많았다.

평일에 가니 사람이 그렇게 많지는 않았다. 중간에 몇 군데는 문을 닫은 곳도 있었다. 토요일은 모든 가게와 모든 부스가 다 오픈하는 날이라고 한다. 물론 사람이 더 많겠지만, 포토벨로 마켓의 진짜 모습을 보려면 토요일에 가는 것을 추천한다. 토요일에는 꽃과 앤티크, 빈티지 마켓

알록달록한 색감의 가게

등이 더 활발히 열린다고 한다. 딱 엄마가 좋아하는 것들이라 토요일에 왔으면 더 좋았겠지만, 다음 일정이 있기 때문에 아쉽지만 이쯤에서 만족해야 했다.

노팅힐의 알록달록한 골목

03 본격적으로 런던 돌아다니기 / 런던

가장 영국다운 곳, 소호

피커딜리 서커스

런던에서 가장 처음으로 구경을 시작했던 곳은 피커딜리 서커스역이었다. 내리자마자 보이는 멋진 건물들과 동상 아래 모여있는 사람들, 거리공연을 하는 사람들 등 북적거리는 곳이었다. 큰 전광판이 눈길을 사로잡았다. 삼성과 현대, 그리고 다른 브랜드들의 광고였다.

"엄마가 옛날에 여기 처음 왔을 때는 전광판에 소니, 니콘처럼 일본 기업 광고밖에 없었는데, 이젠 한국 기업 광고도 많이 생겼네."

엄마가 이곳에 거의 30년 전에 왔을 때랑 비교하면서 말씀해주시는 것이 뭔가 옛날이야기를 듣는 것 같았다. 어렸을 때부터 엄마의 여행 이야기를 줄곧 듣고 자란 내가 그 장소에 엄마와 함께 있다니 정말 신기했다.

내셔널갤러리

입장료가 무료라 하니 자연스레 들어간 곳. 아쉬웠던 건 입구를 확인하지 못하고 옆구리에 붙어있는 아무 입구로 들어갔는데 나중에 알고 보니 세인즈버리관이었다. 잘 숙지하고 가지 않았기 때문에 유명한 그림들이 많은 동관의 존재를 몰랐다.

세인즈버리관을 둘러보다 아는 작품이 나왔다. 한스 홀바인의 〈대사들〉. 누구 그림인지, 제목이 뭔지는 몰랐지만, 착시 그림으로 유명하다는 건 알고 있었다.

길게 늘어뜨린 해골은 그림의 오른쪽 위에서 대각선 아래를 바라보았을 때 온전한 해골 모양이 나온다고 했다. 사실 이 그림은 옛날부터 알고 있었기 때문에 오른쪽에서 줄 서서 보는 사람들을 기다리면서 정면에서 보고 있었다.

"이 그림은 정면에서 보고 난 후엔 오른쪽 위에서 봐야 해. 이 그림의 숨겨진 비밀을 찾아봐."

옆에 서 있던 어떤 외국인 아저씨가 친절하게 이 그림에 관해 설명해 주었다. 알고 있던 사실이지만 몰랐던 척 웃으며 오른쪽으로 갔다. 아저씨는 흐뭇한 미소를 띠며 옆으로 갔다.

트래펄가 광장

내셔널갤러리 바로 앞에 있는 광장이다. 주변에 항상 사람이 많다. 가운데 높은 곳에 넬슨 제독 동상이 있고, 분수와 사자상도 있다. 트래펄가 광장에서 내셔널갤러리를 바라보면 갤러리 앞 계단에 사람들이 많이 앉아있다. 마치 대학생들이 학교 도서관 앞 계단에 앉아있는 모습 같았다.

여행에 목표를 잡고 가면 좀 더 알차게 다닐 수 있다는 이야기를 들었다. 크게 생각나는 목표는 없었지만, 손 가는 대로 종이에 써봤다.

'엄마와 싸우지 않고 안전히 잘 다녀오기', '엄마가 가고 싶었던 곳과

(왼) 버킹엄 궁전 근위병. 영국의 느낌이 물씬 난다. (오) 영국의 날씨를 시각화한다면?

내가 가고 싶었던 곳 둘 다 알차게 다녀보기.'

'그리고 엄마가 30년 전 사진 찍었던 곳에서 사진 찍기.'

그렇게 버킹엄 궁전 옆 게이트에서 엄마의 사진과 비교하며 찍었다. 그리고 엄마의 사진도 찍어 드렸다. 같은 사람, 같은 자세, 같은 공간. 달라진 것은 시간과 함께 온 사람이었다. 엄마가 그 사진을 찍었을 때는 결혼도 하기 전이었으니, 나의 존재도 몰랐을 것이고, 딸이란 존재와 함께 유럽 여행을 떠나 이곳에 다시 와서 사진을 찍을 것을 예상이나 했을까. 참, 사람 일이란 알 수 없는 거구나 생각했다. 혹시 모르지, 나도 나중에 30년 후에 자녀와 함께 같은 곳에서 같은 자세로 사진을 찍고 있을지…. 엄마가 생각에 잠깐 잠긴 듯했다. 무슨 생각을 하고 있는지 궁금했지만, 물어보진 않았다.

궁전 문 앞 나무 패널 위에 있는 종이가 보였다. 사람들이 그 주변으로 모여있었고, 궁금했던 우리도 가봤다. 요약하자면 '왕가에서 아들을 낳았다.'라는 것이었다. 그런 사실을 이렇게 종이로 직접 알려주는구나.

엄마랑 수다 떠는 중에 근위병 한 명이 척척 걸어와서 교대했다. 어렸을 때부터 꼭 보고 싶었던 것 중 하나였는데 드디어 보게 되니 신기했다. 털모자는 생각보다 많이 찰랑거려서 만져보고 싶었다. 머리에 저런 걸 쓰면 무겁진 않은지, 앞이 보이긴 하는지, 저렇게 하다가 실수하면 어떻게 될지, 다리 아프진 않은지 물어보고 싶은 게 많지만, 마음속에 담아두기로 했다.

빅 벤

웨스트민스터 사원과 빅 벤, 웨스트민스터궁이 모여 있었기에 한번에 구경하기 좋다. 그중에서도 빅 벤을 제일 기대했었다. 하지만 공사 중이어서 온몸을 깁스로 두르고 있었다. 볼 수 있는 것이 전혀 없었다. 아쉬워하는 나에게 엄마는 "또 오면 되지~"라며 위로를 해주셨다. 빅벤도, 국회의사당도 공사 중이고 날씨까지 흐리니 런던아이를 봐도 분위기가 영 안 났다.

닐스야드

처음 들어본 곳. 아기자기 귀여운 골목길이었다. 그 좁은 공간에 많은 사람이 모여있어 구경하기 쉽지 않았지만, 흐린 날씨임에도 알록달록한 상점들이 골목에 생기를 불어넣고 있었다.

런던탑

칼이나 갑옷처럼 옛날 전쟁할 때 쓰던, 교과서에서 볼 법한 것들이 전시되어 있었다. 가장 기대했던 건 왕실 보석관. 어쩜 이렇게 화려하게 장식했을까. 크고 작은 보석들이 반짝이며 영롱한 자태를 뽐냈다. 엄마

알록달록 닐스야드

구름 낀 날, 런던 거리 분위기
블랙 택시와 멀리 보이는 빨간 이층 버스

타워 브리지. 가끔 보이는 파란 하늘이 반갑다.

가 잘 보고 있나 쳐다보니, 기침하느라 민폐가 될까 봐 구석에서 기침하고 있었다. 제대로 구경도 못 하고 자리를 떴다.

습하고 사람들이 많은데 좁은 계단을 오르내리다 보니 금방 힘들어졌다. 엄마의 기침이 좀 잦아지면 다시 보러 갈까 했지만 엄마는 이미 자리를 떴다. 30년 만에 제대로 보고 싶어 하셨는데 아쉬웠다. 다음에 또 오자고 얘기하고 밖으로 나왔다.

타워 브리지

런던탑에서 나오면 바로 보이는 타워 브리지. 비가 그치고 구름이 조

그때 그 시절 엄마와 그때 그곳에서의 나

금씩 걷히고는 있었으나 여전히 구름이 많았다. 영국은 이런 날씨도 용서할 수 있다고 하긴 했지만, 날씨가 조금 더 좋았으면 하는 아쉬움이 들었다.

대영박물관

무료라니까 들어간 대영박물관. 사전 지식 전혀 없이 빈 머리로 들어갔다. 그래서일까, 여느 사람보다도 빠르게 훑고 지나갔다. 기침하느라 지친 엄마와 그냥 지친 딸의 환장의 콜라보. 한구석에 사람들이 몰려있다. 이집트관이었다. 여태 잘 안 보이던 한국인들이 모두 이곳에 모여 있었다. 각자 다른 가이드를 데리고 와서 설명을 듣고 있었다.

"옛날에는 이쯤에 황금 방이 있었는데, 지금은 없네."

"그럼, 그냥 갈까?"

"더 안 봐도 되겠어?"

서두르는 발걸음으로 대신 대답한다.

04 작지만 아름다운 해안 마을 / 라이

이번 여행의 목표

엄마가 약 30년 전에 여행을 다녔을 때는 지금처럼 정보가 많지도 않았고, 또 엄마는 발길 닿는 대로 여행을 했던지라 여기저기 많이 다니진 않았다고 한다. 물론 여행에 옳고 그름은 없다. 엄마가 다녔던 여행 또한 뜻깊고 소중한 여행이다. 하지만 엄마가 여행을 다녀와서 보니 더 많이 보고, 더 많이 가봤더라면 좋았을 걸, 후회가 된다고 했다. 동선도 없이 무턱대고 다녀서 경험하지 못한 것이 너무 아쉽다고 했다. 그런 이야기를 듣다 보니 엄마랑 알차게 여행하고 싶었다. 그 꿈을 실현할 첫 발걸음이 바로 오늘이었다.

'라이'라는 마을은 이번 여행을 계획하기 전까지 한 번도 들어본 적 없던 곳이었다. 엄마가 조용한 시골 마을을 좋아하니까 그런 곳이 어디일지 인터넷에서 찾아보다 한 블로그 글에서 우연히 본 게 전부였다. 내가 여행을 준비하던 그 당시에 그렇게 많은 사람이 가던 곳은 아니었다. 영국의 교통비가 비싸다 보니 기차여행을 덜 다녀서인지, 아직 잘 알려지지 않은 곳이어서 그런 건지는 잘 모르겠다. 하지만 우리가 여행을 갔던 2019년부터 영국도 유레일 패스를 시작했다는 이야기를 듣고, 무조건 가봐야겠다고 생각했다.

그렇게 라이에 가게 되었다

아침은 숙소에서 간단하게 챙겨 먹고 날씨를 확인했다. 비가 오다가 오후엔 비가 그친다는데, 제발 날씨 요정이 우릴 도와줬으면 좋겠다고 생각하며 우산을 챙겨서 지하철을 타러 갔다. 이제는 지하철도 잘 탄다. 처음에는 어려웠지만 마치 이곳에 오래 살았던 사람처럼 익숙하게 카드 찍고 지하철 방향도 안 틀리고 가는 나 자신이 뿌듯했다.

기차역에서 유레일 패스를 개시했다. 이제 진짜 기차여행을 해보는구나, 설레기도 하고 신기했다. 구글 지도로 한번 검색해보고, 전광판에 쓰여 있는 플랫폼을 두 번 확인했다.

기차가 금방 오길래 바로 타서 유레일 패스 제일 첫 줄에 또박또박 글씨를 적었다. 엄마의 유레일 패스에도 똑같이 적고 있는데 검사하는 직원이 검사하러 왔다.

Day	Month	Time	From	To
08	05	10:37	LONDON	ASHFOLD INT'L

"오, 기차여행의 시작을 함께할 수 있다니 영광이네요! 즐거운 여행 되세요!"

기차여행의 시작을 함께한다니. 이런 사소한 한마디 한마디가 여행에서 낭만을 더해주는 것 같다. 그 직원에겐 우리가 수없이 지나가는 관광객 중 한 명이었겠지만, 우리한테 그 사람은 유레일 패스 검사하며 따뜻한 인사말을 나눠줬던 사람이니까.

기차여행을 하면서 큰 창밖의 풍경을 넋 놓고 보는 건 참 좋았다. 넓고 넓은 유채꽃밭이 펼쳐져 있었고, 양들도 많았다. 들을 좋아하는 엄마는 한참 동안 연둣빛 들판을 찍으셨다. 들떠있는 엄마를 보니 나도 덩달아 신이 났다.

아름다운 라이

라이역에 도착해서 작은 기차역을 나오니 런던과는 너무나 다른 모습의 마을이 나타났다. 비가 살짝 내렸지만, 나름대로 운치가 있고 좋았다. 기차역에서 보이는 정면 방면으로 쭉 들어가 마을 골목을 걸었다. 아기자기하고 예쁘게 꾸며진 곳들이 정말 많았다. 풍성한 연보랏빛 등나무꽃이 마을 곳곳을 꾸미고 있고, 갈색 지붕에 낀 이끼와 하얀 벽의 집들이 모여있는 모습은 내가 동화 속 마을에 서 있는 느낌을 들게 했다.

엽서를 진열해 둔 한 기념품 가게에 눈에 띄는 사진이 있었다.

"여긴 어딜까? 너무 예쁜 풍경인데."

"Rye라고 쓰여 있는데요? 이 마을이라는데 어디지?"

"어머, 진짜? 여기 얼른 찾아가 보자!"

여태 본 걸로도 행복하게 둘러보시던 엄마는 더 예쁜 곳이 있다는 얘기를 듣고 신이 났다. 찾아보니 구글 지도에는 차가 다닐 수 없는 곳이라 길 표시가 잘 안 보였다. 내가 잘 몰랐던 것이지 이곳에서는 가장 유명한 골목이라고 한다.

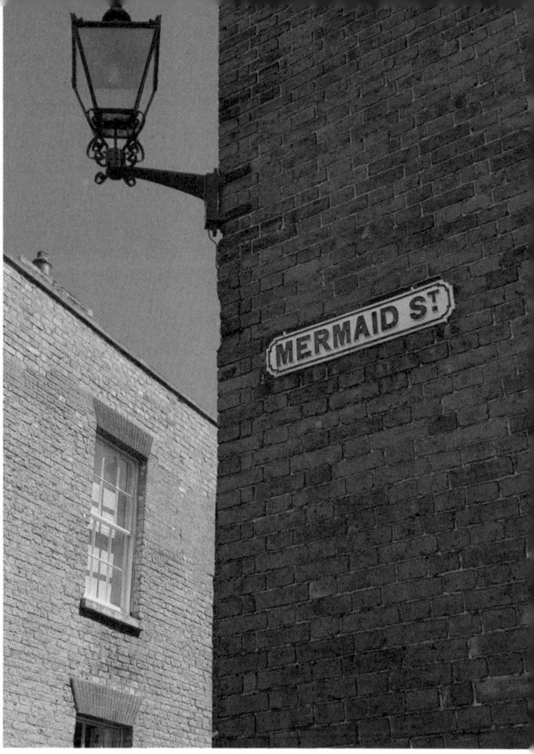

(왼) 이정표와 벽돌집이 참 잘 어울린다. (오) 머메이드 스트리트의 시작을 알리는 곳

머메이드 거리

인어 모양의 간판을 한 건물과 함께 영화에서 나올 법한 골목이 나왔다. 갈색 벽돌집과 하얀 벽이 번갈아 가며 지어진 이 골목엔 이끼가 낀 지붕 하며 군데군데 심어진 식물들이 꼭 세트장 같았다. 약간의 관광객들이 지나간 후엔 이 골목길에 엄마와 나, 그리고 손잡고 골목길을 거니는 노부부 두 쌍뿐이었다. 아름답고 한적하며 평화로운 이 마을은 사랑에 빠질 수밖에 없게 만들었다.

"엄마, 여기 마을 되게 이쁘다, 그치?"

"응. 동화 속 마을 같아. 너무 예쁘다 여기. 마을이 정말 사랑스럽네."

엄마의 눈은 최근에 봤던 그 어떤 때보다 반짝였다. 엄마의 취향 저격에 성공한 나는 뿌듯해서 괜히 더 신나서 말을 많이 걸었다. 머메이드 거리에서 아래쪽으로 슬슬 걸어오며 집들을 구경했다.

마을 어디에나 있는
아기자기한 가게

머메이드 스트리트

(왼) 느긋한 시골 마을 (오) 잠시 몸을 녹였던 카페에서

'The House Opposite'

'The House with Two Front Doors'

'House with the Seat'

무언가 무심한 듯 대충 지은 듯한 집의 이름들은 오히려 더 동화 속 마을 이름 같았다. 특히 'The House Opposite'는 이 머메이드 거리에서 가장 유명한 머메이드 인 맞은편이어서 그렇게 지은 듯했다. '맞은편 집'. 세계적으로 유명한 관광지의 장소 바로 맞은편이 우리 집이었으면 어떨까, 아마 특별함이 일상이 되어 평범하게 느껴지겠지? 이 사람들도 그럴까, 생각하며 골목길을 둘러보았다.

마을에 있는 한 카페에 들어가 몸을 녹였다. 엄마는 카페라테, 나는 핫초코를 시켜 조용한 카페 창가에 앉아 홀짝홀짝 마시며 이 마을에서 있었던 이야기를 나누었다.

"엄마는 이런 마을이 있는 줄도 몰랐어. 우리 딸 덕분에 엄마가 이런 데도 와보고 행복하네."

그거면 됐다. 이번 여행은 엄마와 행복하기 위해 온 여행이니만큼, 나의 목표는 여행하는 동안 어떤 일이 생기더라도 결국 행복한 기억을 많이 만들어 평생 함께 수다 떨 추억거리를 만드는 것이다. 앞으로도 엄마에게 더 좋은 곳들을 많이 보여주고 싶었다.

05 잔잔한 영국 시골 마을 / 코츠월드

기차 타기 힘드네

다음 날, 또 다른 시골 마을에 가기 위해 느긋하게 준비를 마치고 지하철역으로 걸어갔다.

"어?"

뒤에서 엄마는 한마디만 남긴 채 주머니를 막 뒤지기 시작했다. 혹시 소매치기당한 건가 싶어서 놀랐다.

"왜요?"

"카드가 그 전 옷에 있었던 것 같아. 엄마가 겉옷 갈아입으면서 안가지고 왔나 봐."

놀랄 시간도 없이 우리는 서둘러 다시 숙소로 돌아갔다. 걸어서 약 7분 정도밖에 걸리지 않는 거리였고, 또 그새 빅토리아역 주변 거리가 익숙해져서인지 금방 다녀올 수 있을 거라고 생각했다. 하지만 마음이 급해

지니 그 7분이란 거리도 너무나 멀게 느껴졌다. 걸을수록 숙소가 더 멀어지는 것 같았다. 헐레벌떡 숙소에 가서 카드를 챙겨 역으로 돌아갔다.

옆에서 엄마도 정신없이 날 따라다니시다 그제야 숨을 돌리셨다. 몇 분이 지난 후 패딩턴역에 도착했다.

구글 지도를 보니 기차가 3분 남았다. 플랫폼 9라고 쓰여 있는 것을 보고, 기차역에서 플랫폼 확인도 안 하고 뛰어갔다. 기차가 막 출발하려고 준비 중이었다. 마음이 급한 나머지 엄마를 뒤에 두고 혼자 뛰어서 기차에 타려고 했다.

"잠시만, 같이 가!"

엄마가 당연히 뒤에서 잘 따라올 거라 생각하고 뛰었지만, 엄마는 따라오지 못했다. 일단 기차를 잡아야겠다는 생각 때문에 그랬는데, 나만 탔다고 생각해 보니 아찔했다. 기차도 혼자 탈 줄 모르는 엄마였는데, 엄마는 얼마나 당황스러웠을까. 우리가 타고 몇 초 후 기차는 바로 출발했다.

사실 다음 기차는 1시간 후에 오고, 1시간 동안 런던 시내를 구경하고 다음 기차를 탈 수도 있었다. 하지만 다음 장소에서의 버스 배차간격까지 생각했을 때, 생각보다 훨씬 뒤로 늦춰질 수도 있었다. 또한 마음의 여유가 없었기 때문에, 일정이 틀어지는 것에 익숙하지 않았던 터라 무리했는지도 모르겠다.

유레일 패스에 글씨를 쓰고 기다리니 직원분이 검사를 마치고 잠시 후 간식도 줬다. 아까 힘들었던 것은 잠시 잊고 드넓은 들판을 달리는 기차여행을 만끽하기로 했다.

코츠월드 여행의 시작, 모레턴인마시

최종 목적지인 버튼온더워터 마을을 가려면 모레턴인마시역에서 버

모레턴인마시 가게 앞

모레턴인마시

스를 타야 했다. 이곳은 코츠월드의 다른 지역을 가기 위한 첫 번째 마을이다. 기차역에서 나와 버스정류장을 찾았다. 자그마하게 시골 마을에서나 볼 법한 버스정류장이었는데 아무도 없었다. 버스 근처에 한 아저씨가 있길래 버튼온더워터로 가고 싶은데 어디로 가야 하냐고 물어보니 50분 후에 오라고 했다.

버스를 기다리는 동안 마을을 구경하기로 했다. 노란 벽에 갈색 지붕의 아기자기한 집들이 모여 있는 이 마을은 한적하고 평온했다. 동네를 구경하는 사람도 많이 없었고, 간간이 할아버지 할머니들이 천천히 마을을 돌아다니고 있을 뿐이었다. 조금씩 비가 왔다가 그치기를 반복했다. 어딘가 카페 같은 곳에 들어가서 차를 마시며 비 오는 것도 구경하면 운치 있고 좋겠다 싶었지만 버스를 타러 가야 했기 때문에 여유를 가질 수는 없었다. 마을의 중심가 같은 조금 넓은 도로에 나무와 풀이 있는 곳은, 자연과 마을이 이렇게나 어울릴 수 있다는 것을 보여주는 듯한 색감을 뽐냈다.

마을을 더 구경해보고 싶었지만 버스 시간이 다가와서 아쉬움을 뒤로 한 채 버스를 타러 갔다.

801번 버스 안에는 아까 시간을 알려줬던 아저씨가 앉아 있었다. 혼자 내적 친밀감을 가지고 있었는데 내 차례가 되니까 활짝 웃으면서 반겨주었다. 괜히 들떠서 신나게 승차권 구매를 하고 자리에 앉았다. 하나의 따뜻한 추억거리가 생긴 것 같아 기분이 좋았다.

물소리와 함께, 버튼온더워터

확실히 아까보다 사람이 많아졌다. 항상 보면 가는 길엔 사람이 별로 없는데 목적지 도착하면 사람들이 바글바글했다. 모레턴인마시가 조용한 동네라면 버튼온더워터는 좀 더 활기찬 분위기였다. 영국 시골 마을

버튼온더워터에서 강아지 산책시키는 할아버지

은 참 평화롭고 살기 좋은 곳 같았다. 코츠월드는 영국 부자들이 별장을 많이 짓고 사는 부유한 동네라고 했다. 길거리도 깔끔하고, 정원들도 정리가 잘 되어 있고, 전체적으로 관리가 잘 된 동네인 것 같았다. 화려하게 꾸며지지 않았지만, 어딘가 정돈되어 있고 자연과 어우러져 있는 모습이 참 인상 깊었다.

날이 금방 더워져서 아이스크림을 먹고 냇가를 따라 산책했다. 청둥오리들은 사람들이 자기를 해치지 않을 거란 믿음이 있는지 근처에 가도 깨지 않고 낮잠을 잤다. 물소리와 선선한 바람, 따뜻한 햇볕을 받으며 낮잠을 자면 얼마나 행복할까.

베이커리 온더워터 스콘

보기만 해도 상큼해지는 집

그렇게 걷다가 큰 도로 뒤쪽으로 들어갔다. 같은 마을이 맞는 건가 싶을 정도로 조용해졌다. 아까 본 모레턴인마시와 비슷한 분위기의 집들이 모여 있었다. 정원을 정리하고 있는 사람들만 있을 뿐, 걸어 다니는 사람이 거의 없었다. 관광객들이 이쪽까지 오지는 않는가 보다. 조용하고 한적한 것을 좋아하는 엄마와 나에겐 더없이 좋은 곳이었다.

Bakery on the water

마을을 한참 걷다 보니 허기가 지기 시작했다. 이곳에 오면 꼭 먹어야 하는 스콘이 있다고 해서 찾아갔다. 사실 스콘을 그렇게 좋아하진 않았지만 유명하다니까 가 봤다. 가격도 저렴한 편이고, 구성도 알찼다. 따뜻한 스콘과 크림, 딸기잼의 조화는 최고였다. 홍차 또한 맛있었다.

간단하게 배를 채운 뒤 돌아가기 위해 버스 시간에 맞춰 버스정류장에 갔다. 저 멀리서 빨간 버스가 달려왔다. 그 아저씨였다. 친구 만난 듯 반가워서 미소를 지었고, 아저씨도 활짝 웃었다.

내릴 때 아저씨는 끝까지 우릴 쳐다보며 미소를 지으시며 따뜻한 말로 배웅을 해주셨다.

"이곳의 기억으로 행복했으면 좋겠어요."

아저씨는 버스 앞으로 길을 건너서도, 다시 출발할 때까지 미소로 배웅을 하며 손 인사를 해주셨다. 우리도 손 인사로 답하며 코츠월드를 떠났다. 행복한 기억뿐이었던 이 마을에서의 추억을 오래 간직할 것 같다.

버튼온더워터 골목길

06 아이가 된 엄마 / 옥스퍼드

옥스퍼드로 가는 길

코츠월드를 투어로 여행하는 사람들은 옥스퍼드와 함께 묶어서 일명 '옥코투어'라는 걸 한다고 들었다. 그래서 나도 일정을 코츠월드에서 런던으로 들어가기 전에 옥스퍼드에 들렀다가 가는 것으로 짰다. 사실 코츠월드에서 일찍 나와서 옥스퍼드에 갔어야 했는데, 마을이 마음에 들어서 오래 구경한 것도 있고, 버스가 예상 시간보다 늦게 오는 바람에 늦은 것도 있었다. 옥스퍼드에 갔을 때는 이미 저녁이었다.

기차역에서 내려 옥스퍼드를 둘러보는데, 런던 시내에서 봤던 모습과는 또 다른 느낌의 도시였다. 건물 하나하나가 다 멋있고, 영화에서 보는 대학가 같은 느낌이 들었다. 서둘러서 옥스퍼드의 유명한 곳들을 가보았으나, 이미 영업시간이 지났다고 해서 입구까지밖에 못 봤다. 날은 흐리고 가볼 만한 곳들은 문 닫아서 시무룩해진 채 동네를 돌아다녔다.

칙칙한 옥스퍼드

하지만 그런 나에게도 한가지 눈에 들어오는 게 있었으니, 바로 해리포터 기념품 가게였다. 이번에 비행기를 타고 오면서 해리포터 시리즈를 정주행해서 아직 여운이 남아있던 터라 아쉬운 대로 기념품 가게라도 가서 뭐라도 사야지, 하고 돌아다녔다. 해리포터에 관심이 없는 엄마는 흥이 약간 떨어진 채 내 뒤를 따라다녔다.

아이가 된 엄마

괜찮아 보이는 가게에 들어가서 구경을 하다가 살만한 게 없어서 엄마와 같이 다시 나왔다. 나오는 길에 입구 쪽에 귀여운 열쇠고리를 발견하고 한 30초 정도 보다가 생각보다 비싸길래 가게에서 나왔다. 엄마는 몹시 놀란 표정으로 나를 쳐다보고 있었다.

"엄마는 너를 잃어버린 건가 해서 엄청나게 놀랐어…. 네가 없으니까 할 줄 아는 게 아무것도 없어서…. 별의별 생각이 다 들었네…."

생각해 보니 정말 엄마는 내가 없어지면 아무것도 못 하는 사람이 되었다. 현금도, 카드도, 유레일 패스도 내가 가지고 있었고, 만약 엄마도 가지고 있었다고 한들, 어떻게 써야 하는지도 몰랐다. 낯선 환경에 덩그러니 놓인 엄마는 아이가 되었다.

어렸을 적, 엄마와 마트에 놀러 갔다가 과자 판매대에서 한눈판 사이에 엄마를 잃어버렸을 때의 그 두려움을, 바로 옆 라인에서 엄마를 발견했을 때의 그 안도감을 엄마도 느꼈던 걸까. 내가 더 챙겼어야 했는데, 놀라게 해드려서 죄송스러웠고, 엄마에게도 어느 정도를 가르쳐줘야겠다고 생각했다. 무슨 일이 생길지 아무도 모르기 때문이다.

엄마가 짧은 시간 동안 피로감이 잔뜩 쌓였을 것 같아서 옥스퍼드 구경은 이쯤에서 마무리하고 숙소로 돌아갔다.

07 바다를 건너 새로운 곳으로 / 유로스타

유로스타 타기

오늘은 벨기에로 떠나는 날이다. 영국에서 더 오래 머물고 싶었지만, 앞으로의 일정이 많이 남아 있었기 때문에 아쉬움을 뒤로 하고 떠나야 했다. 다음번에 영국에 다시 온다면 못 가본 곳에 꼭 가보겠다고 다짐하며 아침 일찍 숙소에서 나왔다.

지하철을 타고 세인트 판크라스역에 가서 예약해 둔 유로스타 바우처를 들고 타는 곳으로 갔다. 공항처럼 꼼꼼하게 검사한 후 안으로 들어갈 수 있었다. 그 안에는 이미 많은 사람이 기차를 기다리고 있었다. 런던에서 파리, 브뤼셀, 암스테르담으로 갈 수 있기 때문에 일찍부터 사람들이 모여 있었다. 아침부터 서둘러서 그런지 시간이 많이 남았지만, 다른 할 거리는 없었다. 사람이 점점 많아졌다. 전 세계에서 모인 만큼 다양한 인종의 사람들이 모여 있었다. 짐을 잔뜩 챙긴 사람, 손가방 하나만 챙긴 사람, 반팔 입은 사람, 패딩 입은 사람, 아주 작은 아기부터 머리가 하얗게 센 노부부까지. 사람들의 목적지도 다 다를 것이고, 생각도 다 다르겠지. 과연 그들은 지금 무슨 생각을 하고 있을까? 이런저런 생각을 하다 보니 벌써 기차 게이트가 열릴 시간이 되었다. 역시 딴생각할 때는 시간이 잘 간다.

파리에 가는 기차와 브뤼셀에 가는 기차의 플랫폼이 가까워서 사람들이 한 곳으로 잔뜩 몰렸다. 여행하러 와서 이 정도로 사람 몰렸던 것은 처음이었다. 마치 퇴근 시간 강남역에서 내리는 듯한 기분이었다.

기차를 타고 다음 여행지 일정 미리 체크하고, 사진 정리하고 그렇게 한창 가는 중에 차내식이 나왔다. 볶음밥과 정체를 알 수 없는 고기, 빵과 물이 나왔다. 맛은 별로 없었다.

"Welcome to France."

핸드폰으로 사진 정리하는 중에 갑자기 유심 문자가 왔다. 아직 마음의 준비도 덜 됐고, 구글 지도로 GPS로 바다 건너는 것도 보고 싶었는데 이렇게 갑자기 날 프랑스로 보내버리다니. 생각보다 너무 빨리 지나가서 허무했다. 유로스타라고 특별한 건 없었다. 일반 기차랑 똑같은 느낌이었다. 약 50분 후엔 벨기에에 들어왔다는 문자를 받았다.

Chap. 3

벨기에

통화	유로 € (1유로 : 약 1,300원대)
전압	220V
언어	네덜란드어, 프랑스어, 독일어

알아두면 좋은 점

▶ 팁

- 서비스 비용에 약 10% 포함된 경우가 많다.
- 호텔이나 레스토랑에서 마음에 드는 서비스를 받았다면 10% 정도 지불.

▶ 에티켓

- 공공장소에서 큰 소리로 이야기하거나 트림하지 않는다.
- 악수할 때 상대방의 손을 두 손으로 잡지 않는다.
- 식사 중에 소리를 내는 것은 예의가 없다고 여겨진다.
- 출입문 뒤에 사람이 있으면 문을 잡아준다.
- 상점에서 물건을 만지작거리지 말고 구매하려는 물건을 바로 집어야 한다.
- 공원이나 연못 등에서 물고기나 비둘기에게 먹이를 주지 말아야 한다.

▶ 박물관, 미술관은 월요일 휴무. 미리 확인 필요.

▶ 유료 화장실이 많다. 동전을 꼭 챙겨 다니자.

▶ 벨기에는 오랜 시간 네덜란드와 프랑스의 지배를 받은 적이 있어, 독립 이후에도 네덜란드어, 프랑스어, 독일어를 사용한다. 프랑스어와 네덜란드어 간의 다툼이 있기도 해서, 먼저 인사할 때는 영어를 사용하거나, 상대가 어떤 언어를 사용하는지 보고 맞추는 것이 좋다. 하지만 관광객들 입장에선 부담스러운 문화이니, 영어로 의사소통하는 편이 낫다.

▶ 벨기에는 가끔 뿔이 달린 콘센트가 있어, 멀티 어댑터가 필요할 수도 있다.

▶ 벨기에를 당일치기할 경우, 월요일은 피하자. 월요일 휴무인 곳이 많다.

01 긴장 그 자체 / 브뤼셀

유로스타로 브뤼셀 미디역에 도착했다. 처음 계획했을 때는 브뤼셀을 그렇게까지 오고 싶진 않았다. 워낙 소매치기와 인종차별 등으로 악명 높은 곳이었기 때문이었다. 평소보다도 더 단단히 준비하고 나왔지만, 기차역에 내리자마자 달라진 분위기에 긴장할 수밖에 없었다. 우리의 브뤼셀 일정은 코인락커에 짐을 맡기고 그랑플라스 딱 하나만 보고 오는 것이었다.

처음으로 코인락커에 짐을 맡겨봐서 그럴 테지만, 브뤼셀이어서 그런지 계속 불안한 마음뿐이었다. 상상력이 풍부한 나는 '만약 코인락커가 털리면 어떡하지? 만약 소매치기당하면 어떡하지?' 하며 혼자 만약의 놀이를 했다.

그랑플라스에 가는 길. 관광객들이 많이 보이진 않았고 무언가 음침한 분위기였다. 주변을 경계하며 걸어서 골목길 구경을 할 겨를이 없었다. 골목마다 두세 명씩 서 있는 무리가 우리를 쳐다볼 때마다 가방을

브뤼셀 그랑플라스

더 꽉 붙잡고 걸어갔다.

무언가 표적이 된 듯한 기분이 들었다. 야생에서 초식동물들이 주변을 경계하며 다닐 때 이런 기분일까. 내가 브뤼셀에 대해 안 좋은 이야기를 많이 들어서 생긴 선입견인지 실제로 그런 건지는 잘 모르겠다. '다른 사람의 이야기만 듣고 고정관념이 생겨서 여행을 즐기지 못하는 것이 아닐까'라는 생각이 들었다. 조금은 가벼워진 마음으로 골목길에 있는 가게를 둘러보았다. 유리창에 비치는 우리 모습 뒤엔 약 두세 명의 남자들이 자기들끼리 신호를 보내면서 우리에게 빠르게 다가오고 있었다. 심장이 미친 듯 뛰었다. 괜히 뒤를 돌아보면 안 될 것 같아서 모르는

그랑플라스 건물

척하고 가방을 더욱 단단히 안고 걸었다. 엄마도 나와 똑같은 마음인지 잔뜩 긴장한 게 느껴졌다.

"저 앞에 있는 관광객들한테 붙자."

우리 앞 약 100m 정도 떨어진 곳에 중국인 단체관광객 20명 정도가 무리 지어 걸어가고 있었다. 원래는 훨씬 더 떨어져 있던 사람들이었는데, 우리가 어찌나 빨리 걸었는지 점점 가까워지고 있었다. 외국인들이 볼 때는 어차피 같은 동양인 관광객으로 보일 테니 동행인 척해야겠다 싶었다. 걸음걸이에 속도가 붙으니 뒤에 따라오던 사람들이 우리가 눈치를 챘다고 생각했는지 자기들끼리 모여서 이야기하더니 사라졌다. 잠

(왼) 그랑플라스 건물 황금색 동상이 눈에 띈다.
(오) 그랑플라스에 있는 동상. 만지면 소원을 들어준단다.

깐이었지만 긴장을 늦출 수 없었다.

그랑플라스

단체관광객을 따라서 가다 보니 금방 도착할 수 있었다. 골목길로 들어가니 화려하고 웅장한 건물들이 둘러싸고 있는 광장이 눈앞에 펼쳐졌다. 기차역에서 이곳까지 걸어오는 동안 사람들을 거의 못 봤는데, 광장 안에는 수많은 사람이 사진을 찍으며 광장을 둘러보고 있었다. 각 나라 가이드의 별별 옷차림새와 깃발들이 눈에 들어왔다. 많은 인파 속에서 우리는 가방을 단단히 메고 구경했다.

건물들이 다 모여있는 모습은 굉장히 위엄있고 웅장했는데 또 하나하나 따로 놓고 보면 섬세하고 아름다운 부분들이 많았다. 어쩜 저렇게 정교하게 조각했는지, 또 비슷한 듯 다 다르게 디자인했는지, 올려다보며 한참 구경했다. 금빛으로 반짝이는 조각상들과 건물은 화려함에 고풍스러움을 더했다. 사람들이 많아서 걱정도, 긴장도 많이 했는데, 또 멋있는 건물들을 계속 보니 아까 일은 잠시 잊을 수 있었다.

골목 쪽에 사람들이 모여있는 곳이 있었다. 유명한 곳인가 싶어서 보니 한 사람이 누워있는 모양의 동상이었다. 얼마나 오래된 건지 까맣게 녹이 슬어 있는데 팔과 다리 부분만 금빛이었다. 그 앞에선 줄을 서서

(왼) 그랑플라스 건물 (오) 오줌싸개 동상

팔과 다리 쪽을 만지고 두 손 모아 기도하는 사람들이 많았다. 만지면 행운이 찾아온다는 설이 있나 보다, 하고 광장을 빠져나왔다.

오줌싸개 동상

사실 브뤼셀의 소문을 이미 많이 들었고, 또 아까 그랑플라스 가는 길에 겪었던 일을 생각하니, 골목길에서 오래 있기가 불안했다. 앞만 보고 걸어갈 때쯤 또 어딘가에 사람들이 몰려있었다. 고개를 돌려보니 오줌싸개 동상이 있었다.

생각보다 작은 오줌싸개 동상 앞엔 엄청난 사람들이 사진을 찍고 있었다. 우리가 갔을 때는 기본 동상이었는데, 매달 특정한 날에는 특별한 옷을 입힌다고 했다. 의상 일정은 동상 앞 안내문에 쓰여 있었다.

기차역으로 돌아올 때는 오줌싸개 동상이 있는 그 길로 왔는데, 훨씬 밝고 사람들도 많이 다녔다. 처음부터 이 길로 왔으면 덜 무서웠을까, 아니면 그새 이 도시에 익숙해져서 괜찮아 보이는 걸까. 역으로 돌아갈 때는 발걸음이 훨씬 가벼웠다.

지나가는 길에 많은 와플 가게를 지나쳤다.

"와플 맛있을까? 한국이랑 똑같으려나?"

"비슷하게 생겼는데, 똑같지 않을까요. 뭔가 눅눅할 것 같은데."

"맞아. 와플이 다 거기서 거기겠지, 뭐."

벨기에 하면 와플이 유명한 걸 알면서도 이상하게 그 자리에 있으면 끌리지 않았다. 괜히 눅눅해 보이고, 한국에서 먹는 것과 똑같을 것 같아서. 여행이라는 큰 시도를 하면서도 그 안에서 이루어지는 작은 시도들은 하지 않았다.

〈여우와 신 포도〉처럼, '저 포도는 실 거야.' 하며 귀찮음을 핑계댔던 우리. 결국 벨기에에선 와플을 먹지 않았다.

이제야 '한 번 먹어볼걸.'이라고 후회했지만, 그때는 후회할 줄 몰랐다.

02 평화로움 속 힐링 / 브뤼헤

"일어나! 지금 내려야 해."

다급한 엄마의 목소리를 듣고 깼다. 브뤼셀 여행하면서 쌓인 긴장이 풀렸던 건지, 기차에 타자마자 잠이 쏟아졌다. 눈 좀 잠깐 붙였는데, 벌써 한 시간이 지났다니. 엄마가 갑자기 깨우는 바람에 놀라서 역 확인도 못 하고 급하게 내렸다. 다행히 브뤼헤역이 맞았다.

"브뤼헤역인지 어떻게 알았어요?"

"30년 전 여기 왔을 때 기차 안에서 본 빨간 건물이 인상 깊었거든. 이번에도 그 건물이 보여서 빨리 내려야 한다고 생각했지."

그 빨간 건물이 어떤 건지는 모르겠지만 어찌 됐든 엄마의 엄청난 기억력 덕분에 브뤼헤역에 무사히 내릴 수 있었다.

체크인한 후 숙소에 짐을 풀고 잠깐 쉬었다. 마을이 작다 보니 목적지를 정하지 않고 걸어 다니면서 마을 구경을 하기로 했다. 동네는 참 조용하고 한적했다. 사람이 별로 없어서 소매치기 걱정을 덜 해도 돼서

브뤼헤 마을

좋았다.

"옛날에는 여기 집에 다 사람들이 살고, 예쁘게 꾸며놨는데. 지나가는 사람들 보라고 이런 창문에 레이스 커튼, 화분이랑 인형이 밖을 보도록 꾸며뒀었거든. 지금은 고요한 게 빈집이 많은 것 같네. 건물은 그대로인데."

조용한 골목길, 빛이 바랜 작은 집들의 벽을 쓸며 엄마가 회상하는 듯했다. 그러고 보니 동네에 사람들이 많이 없기도 하고, 불이 꺼져있는 집들도 많았다. 그래서 조용했던 건가, 예전과 달라진 분위기에 조금은 씁쓸해하시는 것 같았다.

브뤼헤 시장 광장

걷다 보니 엄마의 여행 앨범에서 봤던 익숙한 곳들이 나왔다. 옛날과 똑같은 곳도, 달라진 곳도 있었다. 자연과 함께 어우러져 있는 작은 집들이 마을의 조용한 분위기와 참 잘 어울렸다. 숙소 근처부터 걸어갈 때는 일반적인 지붕의 집들이 많았는데, 구시가지 근처로 걸어갈수록 특이하게 생긴 지붕 집들이 많았다. 계단식이었는데, 보면서 레고가 생각났다.

브뤼헤의 종탑이 있는 시장 광장엔 이런 집들이 광장을 둘러싸고 있었다. 물론 그런 건물뿐만 아니라 종탑 건물과 다른 멋있는 건물들도 같이 있었다. 낮에 보고 온 브뤼셀 광장보다는 덜 화려했지만, 이곳 또한

브뤼헤 오후

브뤼헤 노을

건물들이 화려하고 섬세했다. 하지만 더 눈에 띄는 것은 역시나 색깔도, 디자인도 다 다른 레고 같은 집들이 사이좋게 붙어있는 모습이었다.

마을 곳곳에 강이 흐르고 있어서 배를 타고 다니는 사람들도 심심찮게 볼 수 있었다. 이래서 브뤼헤를 북쪽의 베네치아라고 하는가 보다.

마을을 마저 돌아다니다가 해질 때쯤 브뤼헤를 요약해 둔 듯한 곳을 찾았다. 갈색 톤의 옛날 중세시대 느낌의 집들. 계단식 지붕과 뾰족한 첨탑, 일반적인 지붕이 모두 있는 곳. 하늘과 강과 나무가 어우러져 있는 곳. 저 멀리 이 마을의 중심인 종탑이 보이고, 강에는 배를 탄 사람들이 있는 곳. 화려하거나 멋있는 건 아니지만 담담하고 아름다운 이 마을의 분위기를 잘 나타내는 곳이었다.

다음 날 아침, 숙소에서 조식을 먹고 체크아웃하기 전에 다시 한번 마을을 돌아다녔다. 이번에는 전날 가보지 못했던 곳으로 갔다. 평화로운 숲에 여러 마리의 백조들과 오리들이 잠을 자는 모습이 동화 속 같았다.

벨기에에서 주어진 시간이 짧아서 아쉬웠다. 엄마도 예전에 여행 왔을 때 참 좋았던 기억들이 많은 곳이었는데, 이번에도 좋은 기억을 많이 담아 갈 수 있어서 좋다고 했다.

시끌벅적하고 사람들이 많은 도시 지역을 좋아하는 사람들에게는 다소 심심할 수도 있는 마을이지만, 엄마와 나처럼 조용하고 자연과 어우러져 있는 아름다운 마을을 좋아하는 사람에겐 사랑스러운 장소였다.

"추억은 그대로지만 나는 변했고, 내가 가장 행복했던 시절에 있었던 곳에 딸과 함께 있네. 얼마나 낭만적이야~. 다시 한번 행복한 추억 만들어줘서 고마워."

"엄마, 이 추억 평생 간직해야 해요!"

평화로운 브뤼헤의 아침

Chap. 4

네덜란드

[redacted]

[redacted]

통화 유로 €
(1유로 : 약 1,300원대)

전압 220V

언어 네덜란드어

알아두면 좋은 점

▶팁

• 팁 문화 없기에 식당이나 택시에서 팁 주지 않음.

▶에티켓

• 윙크는 '그는 미쳤다'라는 뜻. (다른 유럽에서는 비밀을 권유할 때의 제스처)

▶네덜란드 수돗물은 그냥 마셔도 된다. 수질에 대한 자부심이 높음.

▶생수 구입 시 빨간 뚜껑은 탄산수, 파란 뚜껑은 일반 생수.

▶신용카드 사용 불가인 곳이 있거나 추가 수수료가 붙을 수도 있음. 현금을 가지고 다니는 것이 편하다.

▶대부분 화장실이 유로다. 박물관이나 레스토랑, 카페 등에서 화장실 들리도록 하자.

기본 회화

• 안녕하세요 Hallo(할로), Doei(두이)

• 고맙습니다 Dank u(당큐), Dank u wel(당큐 웰), Bedankt(버당트), Merci(메르씨)

- 미안합니다 Het spijt me(헤트 스페이트 메)
- 도와주세요 Ik heb hulp nodig(이크 헵 헬로프노울더)
- 네 Ja(야) / 아니오 Nee(네이)
- 매표소 bespreekbureau
- 화장실 het toilet(헤트토알렛) 남성 Heren 여성 Dames
- 출발 / 도착 Vertrek(벌트렉) / Aankomst(안꼼스)
- 입구 / 출구 Ingang(인강) / uitgang(에트강)
- 역 station(스탓숀)

숫자

1 één(에인) / 2 twee(트베이) / 3 drie(드리) / 4 vier(삐어르) / 5 vijf(페이프)

6 zes(쎄스) / 7 zeven(쎄이븐) / 8 acht(아흐트) / 9 negen(네이흔) / 10 tien(띤)

01 작은 암스테르담, 큰 아름다움 / 델프트

브뤼헤에서 델프트까지는 약 3시간 반 정도 걸린다. 한국에서의 이동을 기준으로 한다면 "너무 오래 걸리는 거 아냐?" 했겠지만, 유럽에서의 기차여행은 즐겁기만 할 뿐이었다. 기차의 큰 창을 액자로 삼고, 그 너머로 보는 풍경은 그림 같아서 넋 놓고 바라볼 때도 많았다. 탁 트인 들판들을 보면 속이 뻥 뚫렸다. 델프트에 도착해서 골목길로 들어가면 수로를 따라 아기자기한 집들이 줄지어 서 있었다. 브뤼헤가 조용하고 아기자기한 느낌이었다면, 델프트는 좀 더 활기차고 넓고 단정한 느낌이었다.

또 하나 기억에 남는 점은 자전거가 정말 많다는 것이다. 네덜란드가 원래 자전거가 원래 많은 나라여서 자전거 신호등이 따로 있을 정도였던 건 알았지만, 이 정도일 줄은 몰랐다.

수로에 비친 파란 하늘이 일렁이는 것을 보며 벤치에 앉아서 쉬었다. 우리에게 간식이 있을까 싶어서 슬금슬금 오는 갈매기도, 난간에 앉아

(왼) 델프트 마을 (오) 구교회가 보이는 델프트

서 우리를 쳐다보는 까만 새도, 포로로 날아다니는 파란 깃털 새도 모두 귀여웠다. 우리나라에서는 길에서 보통 비둘기나 참새 정도밖에 못 보는데, 여기는 다양한 새들이 있었다. 기가 살아서 마치 어깨에 힘주고 걸어 다니는 것처럼 당당하게 걷는 게 참 인상 깊었다.

생각보다 사람이 많지 않아서 물소리를 배경음악으로 엄마와 수다를 떨었다. 이 모든 것이 우리에겐 특별하지만, 여기 사는 사람들에게는 모두가 일상이겠지. 사람 사는 냄새가 나는 이런 작은 마을들이 참 아름답고 사랑스러웠다. 거창하지 않아도 일상에서 오는 따스함이 느껴졌다.

골목길을 넘어가니 확 트인 광장이 나왔다. 한쪽에는 종탑같이 생긴 건물이 있었다. 찾아보니 신교회라고 한다. 아까 골목길을 걸었을 때 저 멀리에 살짝 기울어진 듯한 건물이 있었는데 그게 구교회였다. 수평에 맞춰서 찍어도 계속 기운 것처럼 나와서 핸드폰 카메라 문제였나 싶었

작은 수로, 델프트

자전거를 많이 타는 네덜란드(델프트 광장)

는데, 실제로 기울어져 있다고 한다. 신교회에서 뒤를 돌아보니 화려하고 엄청나게 큰 시청이 있었다. 마주 보고 있는 두 건물 사이에는 작은 집들과 상점들이 줄지어 서 있었다. 많은 사람이 식당 테라스에 앉아서 음식을 먹고 맥주를 마시고 있었다. 약간 쌀쌀한 봄 날씨지만 햇볕 아래 사람들은 행복해 보였다.

02 상상으로 새로 만든 도시 / 로테르담

처음 기차에서 내려 로테르담을 봤을 때, 유럽 같지 않았다. 로테르담 역부터 미래도시 같은 디자인이었다. 네모네모한 건물들과 잘 닦여진 도로들은 요즘 지어진 듯한 느낌을 주기 충분했다. 사실 그럴 수밖에 없는 역사적 배경이 있다. 로테르담은 2차 세계대전 당시 나치의 공습을 받아 도시가 거의 다 파괴되었던 아픈 역사가 있다. 그래서 현대에 와서 지어진 곳이라 다른 유럽의 도시들과는 다르게 현대적인 건물들이 많았다. 일반적인 현대의 건물뿐만 아니라 정말 특이하게 생긴 건물들도 많았다. 다 가보지는 못했지만, 건축물에 관심이 있다면 한 번씩 둘러보는 것도 좋을 것 같다.

한 번쯤은 책에서 봤을 법한 노란색의 특이한 건물을 보러 가기 위해 로테르담 블랙역으로 갔다. 역에서 나와 바로 옆을 보니 특이하게 생긴 집들이 있었다. 노란색 네모난 집들이 조형물처럼 모여있는 이곳은 큐브하우스라고 한다. 사람들이 살고 있다는데, 안은 어떻게 생겼을지 궁

큐브하우스

금했다. 큐브하우스 안에 있는 박물관에서는 내부 모습을 볼 수 있다고 했다. 미래세계에 온 것 같은 이 건물을 어떻게 지었을까. 교과서에서만 봤던 곳을 실제로 보니 정말 신기했다. 일반적이지 않은 구조물을 오래 보고 있으니 어지러워서 큐브하우스를 빠져나왔다.

바로 옆에는 펜슬하우스라는 건물이 있었다. 연필 모양이라서 펜슬하우스였다. 상상 속에서나 만들 법한 그런 집들을 실제로 보니 참 신기했다. 펜슬하우스 옆에는 둥근 모양의 거대한 건물이 있었다. 로테르담 시장이라고 하는 곳인데, 정말 특이하게 생겼다. 밤에 오면 예쁠 것 같았다.

펜슬하우스

역에 대표적인 건축물들이 모여 있어서 금방 구경할 수 있었다. 매번 옛날 느낌의 마을이나 건축물에서 오랜만에 이런 현대 건축물을 보니 신선하고 좋았다.

03 네덜란드 하면 풍차, 풍차 하면 네덜란드 / 잔세스칸스

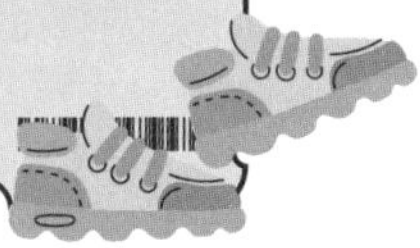

네덜란드 하면 딱 떠오르는 것, 바로 풍차다. 유명한 풍차 마을 두 군데가 있는데 하나는 킨데르데이크, 다른 하나는 잔세스칸스다. 가는 날 당일까지도 두 곳 중에서 고르기가 쉽지 않았다. 엄마에게 어느 곳을 가고 싶은지 각각의 장단점을 이야기하며 물어봤다.

잔세스칸스는 알록달록하지만 풍차는 많이 없고, 킨데르데이크는 드넓은 벌판에 많은 풍차들이 있다는 점. 잔세스칸스는 기차를 타고 금방 갈 수 있지만, 킨데르데이크는 기차를 타고 수상버스까지 타고 가야 한다는 점. 또 잔세스칸스는 걸어서 충분히 둘러볼 수 있지만, 킨데르데이크는 워낙 넓어서 자전거를 타야 한다는 점. 사실 답은 거의 정해져 있었다. 엄마가 자전거를 못 타기 때문에 걸어 다녀야 할 텐데, 그 넓은 들판을 걸어 다녔다간 반의반도 구경 못 하고 돌아올 것이 뻔했다. 고민 끝에 잔세스칸스에 가는 것으로 결정했다.

잔세스칸스역은 암스테르담역에서 얼마 걸리지 않았다. 역에서 내려

잔세스칸스 마을 입구

지도를 따라 쭉 걷다 보니 같은 방향으로 가는 사람들이 보였다. 사람들을 따라 걸어가는데 갑자기 큰 풍차 하나가 도로에 서 있었다. 마치 여기부터 풍차마을의 시작이라는 것을 알려주는 듯했다.

풍차 너머로 곧게 뻗어있는 다리가 있었다. 그리고 대략 5개 정도의 풍차들이 보였다.

마을 안으로 들어가니 진한 초록색과 진한 갈색 지붕의 집들이 모여 있었다. 하얀색으로 집의 라인을 따라 그려놔서 그런지 더 이국적이고 동화 속 같은 느낌이 들었다. 맑은 하늘 아래 잔디밭과 버드나무, 하늘이 비치는 냇가와 초록색 나무다리는 사진을 잔뜩 찍어둘 수밖에 없었다.

“여긴 어쩜 온통 초록색일까. 여기저기 모든 게 초록색이네.”

“그러게요. 엄마가 좋아하는 초록색이네요!”

엄마가 좋아하는 색이 진한 초록색이어서 그런지 유독 더 좋아했다. 이런 마을에서 살면 얼마나 평화롭고 좋을까. 각각 집 안에는 예쁘게 정원을 꾸며두었다.

안쪽으로 걸어 들어가니 입구보다 사람들이 많이 모여 있었다. 그래도 들판이 넓고 탁 트여 있어서 붐빈다는 느낌은 들진 않았다. 파란 하늘과 하얀 뭉게구름 아래 주황색 지붕과 초록색 집이 물에 비친 모습은 그림 같았다.

마을에서 조금 더 위쪽으로 계속 올라가니 드넓은 들판이 펼쳐져 있었다. 바람에 살랑이는 야생화들과 풀들 사이에 날아다니는 새들을 구경했다. 아무 생각 없이 산책하기에 딱 맞은 곳이었다. 들과 풀, 꽃과 자연, 진한 초록색을 좋아하시는 엄마에게는 정말 딱 맞는 여행지였다. 하늘에 구름은 말 그대로 뭉게뭉게 떠 있어서 동화책을 펼친 듯한 풍경을 선물해 주었다. 날씨가 흐렸으면 이 정도로 감동하진 않았을 것 같았다. 날씨 요정이 도와줘서 참 다행이라고 생각했다.

치즈 농장

마을을 돌아다니다 어떤 그림과 함께 ‘Free Entrance’라고 쓰여 있는 곳을 발견했다. 공짜는 못 참는 우리여서, 뭐 하는 곳인지도 잘 모른 채 들어갔다. 입구에서부터 컬링 볼 같이 생긴 노란색 치즈가 잔뜩 놓여있는 이곳은 치즈 농장이었다. 말만 치즈 농장이지 사실 치즈 가게가 더 맞는 것 같다. 가운데에는 사람들이 치즈를 썰어주고 있고, 시식할 수 있는 치즈가 수북이 쌓여 있었다. 비슷비슷한 치즈들의 맛을 보면서 회전초밥이 된 것처럼 계속 돌았다. 짭조름한 치즈만 계속 먹다 보니 단것이 먹고 싶어졌다. 결국 치즈만 먹고 출구 쪽에 있었던 네덜란드식 과자

(왼) 치즈 농장 입구 (오) 가게 안에서 본 마을

를 샀다. 납작하게 생긴 와플 모양의 과자였는데 가운데 꿀이 있어서 달콤했다.

치즈 농장에서 나와 조금 걸으며 구경하는데 배가 있길래 찾아보니 크루즈였다. 가격도 비싸고, 걸어 다니나, 배를 타나 비슷할 것 같아서 생각이 없었는데, 엄마가 타고 싶어 하는 눈치였다. 또 언제 여기 와서 배를 타 보겠나 싶어 표를 구매했다.

창밖이 잘 보이는 자리에 앉아서 마을 구경을 했다. 배를 타니 걸어서는 보지 못했던 마을의 모습을 볼 수 있었다. 강을 따라 이동하다가 어느 지점에서 유턴해서 돌아오는 코스였다. 창문을 열어두고 타니 시원

백조가 있는 호수

풍차 마을과 예쁜 구름

한 바람을 맞으며 구경할 수 있어서 좋았다.

잔세스칸스에는 옛날에는 약 600개의 풍차가 있었는데, 풍차를 많이 쓰지 않는 요즘, 11개로 줄여버렸다고 한다. 풍차가 많았던 옛날엔 과연 어떤 모습이었을까 궁금하기도 했다. 다시 역으로 걸어서 돌아가는 길 역시 아름다웠다.

04 운하 위의 도시 / 암스테르담

밝아진 암스테르담

엄마가 30년 전 암스테르담에 왔던 이야기를 해 주었다.

"옛날에 엄마가 여행하러 왔을 때는, 암스테르담 중앙역이 아주 무시무시했어. 어두컴컴하고 으스스한 기분이 들고, 홍등가로 쭉 펼쳐져 있는 모습이 무서워서 잘 돌아다니지도 못했어. 이상한 냄새도 계속 나는 것 같았고, 길가엔 마약에 취한 듯한 사람들이 흐느적흐느적 걸어 다녔어."

지금은 그때와 비교하면 지금은 정말 깨끗하고 쾌적해졌다고 한다. 암스테르담에 대해 사전 조사했을 당시에, 중앙역에 내리면 마약 냄새가 난다는 글을 봤는데, 내 코가 둔한 건지 잘 느껴지지는 않았다.

긴 직사각형에 창문이 잔뜩 달린, 마치 초등학교 때 건물을 그리라고 하면 그렸던 것 같이 생긴 집들이 줄지어 있었다. 혹시 물에 비치는지

운하 마을 암스테르담

보려고 강가로 가봤으나, 바람이 불어서인지 아쉽게 비치진 않았다. 대신 갈매기가 걸어 다니길래 갈매기 뒤통수 사진 한 장을 담았다.

반 고흐의 붓 터치

나와 엄마는 반 고흐의 작품을 좋아했다. 고흐의 일생을 담은 영화 〈러빙 빈센트〉도 보러 간 적 있고, 예술의 전당에서 하는 반 고흐 전시회는 다 보러 다녔다. 고흐의 색감과 붓 터치를 정말 좋아한다. 이번 네덜란드 계획을 세웠을 때도 다른 미술관과 박물관은 안 가도 되는데 반고흐 미술관은 보고 싶다고 생각했다.

반 고흐 미술관 근처에 도착하니 유리로 둘러싸인 둥근 건물 쪽에 사람들이 줄을 서 있었다. 건물 안은 누가 봐도 반 고흐 미술관이라고 말해주는 듯했다. 해바라기 사진이 여기저기 걸려있고, 기념품 가게에도 고흐 그림 상품이 잔뜩 있었다.

보통 미술관에 갔을 때 오디오를 빌려본 적이 없었지만 여기선 내부 사진을 못 찍는다고 하니, 설명이나 많이 듣고 깊게 둘러봐야겠다는 생각으로 빌렸다.

오디오 가이드를 따라 설명을 들으니 새로운 사실이나 특이한 점들을 많이 알게 되었다. 작품에 관한 내용뿐만 아니라, 고흐의 삶에 대한 것도 알게 되었다. 들었을 당시엔 정보들을 내가 다 기억할 수 있을 거라 생각하고 메모조차 하지 않았다. 생각보다 내 기억력은 그리 좋지 않았다. 내용이 하나도 생각나지 않는다. 심지어 사진도 하나도 못 찍으니 기억이 잘 날 리가 없었다.

명화를 인터넷을 통해 보는 것과 실제로 보는 것은 색감부터 차이가 크게 난다. 실제 작품의 색감을 인터넷에서 그대로 담는 걸 본 적이 없었기에, 그 색감과 붓 터치를 기억하려고 더 오래 보았다. 내용은 기억이 안 나지만, 색감과 붓 터치는 기억에 남았다. 한 가지 아쉬웠던 점은, 유명한 작품들은 다 유리판으로 덮어두어서 붓 터치가 잘 보이지 않고 조명이 반사되어 작품이 온전히 보이지 않는다는 점이었다. 모든 작품이 유리로 덮인 것은 아니어서 비교적 덜 유명한 그림에서는 붓 터치를 볼 수 있었다. 그래서 엄마와 나는 사람들이 많이 가지 않는 곳에 가서 덜 유명한 작품들도 오래 보았다. 실제로 그림을 보니 감동이 배가 됐다.

고흐가 살아있을 때 힘들게 살았다는 사실은 모두가 알고 있다. 떠나고 나서야 사랑을 받기 시작한 게 안타까울 뿐이다. 우울하고 힘든 삶을 그림으로 풀어내고, 그렇게 아름다운 그림들로 사람들을 행복하게 하고 있다는 걸 죽기 직전에라도 알고 갔으면 조금은 괜찮지 않았을까 하는 생각도 든다. 여러모로 고흐에게 더 마음이 갔던 미술관이었다.

암스테르담 동네 돌아다니기

반 고흐 미술관에서 나와 근처 동네를 돌아다니기 시작했다. 미술관에서 나오면 바로 보이는 넓은 들판에 사람들이 많이 나와서 산책을 하고 누워 있었다. 관광객인지 현지인인지는 모르겠지만, 자유로운 분위기를 누리는 게 부러웠다. 이곳에서 허락된 시간이 정해져 있는 우리는 그런 여유를 만끽하지는 못하고 잠깐 산책한 후 시내로 걸어갔다.

길을 걷다 보니 배가 고파서 식당을 찾고 있었다. 구글 지도로 맛집을 찾아보려 했는데 엄마가 한 식당을 가리키며 저길 가자고 가리켰다. 화덕피자를 파는 곳이었는데, 맛이 검증되지 않은 곳이라는 생각에 그다지 끌리진 않았지만, 다 거기서 거기일 거란 생각을 하며 갔다. 직원들은 친절했고 음식은 맛있었다. 나중에 구글에 후기를 보니, 맛집도 아니었고 후기 별점도 그렇게 높지 않았다. 하지만 우리에게는 5점짜리 식

암스테르담 골목

당이었다. 누군가에겐 별로였던 곳일지라도 우리만 좋으면 그만이었다. 모든 것을 평점에만 기준을 두지 말아야겠다고 생각했다.

꽃을 심어둔 곳이 많다.

화창한 날, 봄 느낌이 물씬 나는 암스테르담 거리는 참 아름다웠다. 흰 장미, 분홍 장미, 노란 장미 등 자기 집 앞을 예쁘게 꾸며두니 골목 전체가 아름다웠다. 햇볕 아래에 있어서 그런지 더 싱그러웠다. 엄마는 자꾸만 나에게서 멀어져 꽃 사진을 찍고 있었다.

가장 해가 뜨거울 때 걸어 다녔더니 지쳐서 한 카페에 들어갔다. 유리창 너머로 길쭉하고 예쁜 집들이 보이는 자리에 앉아서 아이스티와 커피, 초코케이크를 먹었다. 작업하는 사람, 수다 떠는 사람 등 한국과 별다른 점이 없었다. 엄마와 한참 수다를 떨고 있을 때였다.

"어머, 저 사람 좀 봐."

엄마가 카페 밖 수로 난간에 기대 있는 한 아저씨를 보고 말했다. 옷차림이 남들과는 달라 보였다. 주섬주섬 휴지 같은 종이를 꺼내더니 안쪽 깊은 주머니에서 하얀 가루를 꺼냈다. 아저씨는 정성스럽게 종이를 돌돌 만 후 라이터를 꺼내 들었다. 대놓고 보면 안 될 것 같아서 힐끔힐끔 봤다. 마약이 허용된 나라라고 알고는 있었지만, 이렇게 직관하게 될 줄은 몰랐다. 한국과 별다른 점이 없었다는 말은 취소해야겠다.

05 아기자기한 스머프 마을 / 히트호른

네덜란드에 오래 머물렀던 목적 중 하나였던 히트호른. 관광객 누구나 가는 필수 코스는 아니었지만 그래도 가면 좋을 듯했다. 자연 속에서 평화롭게 즐길 수 있는 곳이라고 하길래 선택했다.

여름으로 다가가는 계절이었기에 해가 길어서 느긋하게 출발했다. 기차와 버스를 타며 힘겹게 도착한 마을은 조용하고 평온했다. 흐르는 물 옆으로 몇 개의 집들과 가게들이 줄지어 있었다. 사람들은 테라스에서 식사하며 시간을 보내고 있었다. 잘 가꿔진 마당과 동네는 살기 좋은 곳으로 보였다. 그렇게 산책하듯이 걷다 보니 스머프 마을이 시작되듯 아름다운 풍경이 펼쳐졌다.

시냇물이 졸졸 흐르고 새들이 지저귀는 이곳은 정말 동화 속 같았다. 오리들은 사람들을 계속 따라다녔다. 먹을 것이 있나 보러 오는 듯했다. 배를 타고 다니는 사람들 근처에도 오리들이 평화롭게 수영하는 걸 보니, 이미 관광객들에 익숙해져 있는 듯했다.

히트호른

동네를 걷다가 고양이들이 보였다. 하얀 발목 양말을 신은 까만 고양이가 걷다가 나를 보더니 꼬리를 바짝 올리고, 몸을 비비며 그렇게 한참을 내 곁에 있었다. 내가 마당에 있는 고양이를 쳐다보니 다리를 건너 나에게 와서 몸을 비볐다. 동물을 좋아하는 내게 이곳은 천국이었다. 저 멀리서 엄마는 행복해하는 나를 사진 찍고 계셨다.

특이한 모양의 지붕들과 집, 작지만 세심하게 꾸며놓은 정원들에서 난쟁이들이 금방이라도 나올 것 같았다. 왜 스머프 마을로 유명한지 알 것 같았다.

옛날엔 이 작은 숲속에 마을 주민들만 평화롭고 동화 속에 사는 사람

히트호른에서 만난 고양이

들이라 생각했는데, 이 많은 관광객이 매일 아침부터 밤까지 온다면 불편할 것 같았다. 특히 마을 입구나 강 근처에 산다면 매일 소음으로 힘들 것 같았다. 그래서 그런지 집 쪽으로 갈 수 있는 다리는 막아둔 곳이 대부분이었다.

이곳 사람들은 배를 타고 다닌다고 했다. 나무로 만든 다리 밑으로 작은 배를 타고 다니는 것도 참 아기자기한 마을에 어울렸다. 우리가 봤을 땐 현지인보다는 관광하는 사람들이 더 많이 지나다녔다. 사람들이 너무 배를 많이 타고 관광하는 바람에 오히려 여기 사는 사람들이 배를 타고 다니는 것을 꺼리는 것일까, 생각도 들었다. 우리는 배를 타기보단

드넓은 평지가 있는 히트호른

걸으면서 천천히 즐기고 싶었다. 사실 배 운전을 직접 할 용기가 없었던 이유도 있다.

오기 힘든 만큼 정말 풍경은 최고였고, 동화 속에 나오는 자연 그대로를 그려둔 듯한 곳이라 생각이 많이 날 것 같았다. 물길을 따라 걸을 때 맑은 하늘과 그 하늘이 비치는 강물, 그 강물을 헤엄치는 오리들까지 모두 사랑스러웠다. 오늘은 날이 흐릴 거라는 예보가 있었는데 다행히 날씨가 좋아서 더 좋게 느껴진 것 같다. 엽서로 만들어 보관하고 싶은 이 마을에 다시 올 수 있을까? 당장 몇 년 안에는 못 올 것 같았다. 그래서 더 눈으로 많이 담아 두었다.

Chap. 5

독일

통화	유로 € (1유로 : 약 1,300원대)
전압	230V
언어	독일어

알아두면 좋은 점

▶팁

- 약 5~10% 전후. 레스토랑, 카페 등의 결제 금액에서 거스름돈이나 2~5유로 사이 작은 팁을 주는 것이 예의이다. 또한 택시를 이용할 땐 팁으로 택시 요금의 10%를 내야 한다. 숙박은 따로 팁을 받지 않는다.

▶에티켓

- 줄을 설 때는 앞사람과 일정한 거리를 둬, 불편하지 않게 한다.
- 출입문에서는 뒤따라오는 사람에게 문을 잡아준다. 뒷사람은 고맙다는 인사를 한다.
- 자전거도로는 꼭 피해 다니자.
- 시간 약속을 철저하게 지키자. 항상 여유 있게 미리 도착한다.
- 독일인과 대화하는 도중 주머니에 손을 넣는 것은 무례한 행동이므로 조심하자.
- 코를 풀지 않고 훌쩍이거나 들이마시는 것은 굉장히 무례한 행동이다. 코를 푸는 것은 자유롭게 해도 좋다.
- 공공장소에서 껌을 씹지 말아야 한다.

- 상점이나 레스토랑에 갈 때 인사하지 않으면 무례한 사람이라고 생각한다. 음식점을 가거나 쇼핑할 때 '할로(Hallo)'라고 간단한 인사를 하면 좋다. 헤어질 때는 '차오(Ciao)'라고 하면 된다.
- 술이나 물을 따를 때 잔에 닿지 않도록 주의.

▶ 현금을 넉넉하게 준비하자. 신용카드보다 현금을 선호하는 편이다.

▶ 화장실이 유료이기 때문에 항상 동전을 가지고 다닌다.

기본 회화

- 안녕하세요 Hallo(할로), 안녕하세요(점심) Guten Tag(구텐탁)
- 고맙습니다 Danke(당케)
- 미안합니다 Entschuldigung(엔슐디궁) / Verzeihung(퍼차이훙)
- 도와주세요 Hilf mir(힐프 미어)
- 네 / 아니오 Ja(야) / Nein(나인)
- 화장실은 어딨어요? Wo ist die toilette?(보 이스트 디 토일레테?)
- 매표소 Schalter(쉘터)
- 화장실 Toilette(토알레트) (남자 Herren) (여자 Damen)
- 출발 / 도착 Abreise(아프라이제) / Ankunft(안쿤프트)
- 입구 / 출구 Eingang(아인강) / Ausgang(아우스강)
- 역 bahnhof(반호프)

기본 회화

0 null(눌) / 1 eins(아인스) / 2 zwei(츠바이) / 3 drei(드라이) / 4 vier(퓌어)

5 fünf(퓐프) / 6 sechs(젝스) / 7 sieben(지벤) / 8 acht(악프트) / 9 neun(노인)

10 zehn(첸)

01 경유지로써의 프랑크푸르트 / 프랑크푸르트

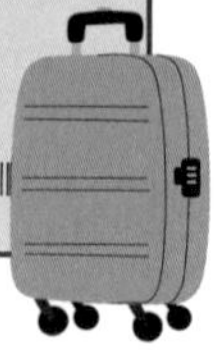

매일 쓰는 일기

가끔은 기차에서 일기를 쓸 때가 있다. 나의 기억력은 생각보다 휘발성이 강했기에 조금이라도 메모나 일기로 남겨야 했다. 생각을 더듬으며 적어 내려가는 내 일기는 그대로 추억이 되었다.

엄마에게도 일기를 적으라고 잔소리했다. 내가 느꼈던 것과 엄마가 느꼈던 것은 다를 것이고, 나중에라도 다시 읽어보면 그때 그곳에서 느꼈던 감정과 생각을 다시 느낄 수 있기 때문이었다. 하지만 엄마는 일기 쓰는 게 귀찮았는지 내가 잔소리할 때면 그제야 밀린 일기를 대충 쓰기 시작했다. 처음엔 또박또박한 글씨였는데, 갈수록 꼬부랑글씨가 되었다.

꼭 어렸을 때 일기 숙제 있으면 하기 싫어서 미루고 미루다가 개학 며칠 전 일기 몰아서 쓰는 날 보는 것 같았다. '어차피 생각하면 다 기억

날 건데 왜 매일 귀찮게 쓰지!'라는 생각으로 미루다 보면 특별한 일 빼고는 생각나지 않는다. 다행히 이번 여행 때는 사진도 많이 찍어뒀기 때문에 사진을 보면서 일기를 쓰는 것이 수월했다. 하지만 모든 순간을 다 사진으로 남겨둘 수는 없어서 매일은 아니더라도 자주 일기를 써야 한다고 엄마에게 잔소리했다. 어렸을 적, 엄마가 나한테 일기 쓰라고 잔소리했을 때 이런 기분이었을까? 어느새 기차는 독일에 들어온 지 한참 되어 곧 내릴 때가 되었다.

실망스러움의 연속

프랑크푸르트역에 도착해서 코인락커에 짐을 넣은 우리는 서둘러 뢰머 광장을 구경하러 역으로 나갔다.

독일은 날이 흐렸다. 배도 고프고 기운도 없는 상태로 우리의 목적지로 걸어갔다. 다음 기차까지 약 1시간 20분 남았었다. 역에서 광장까지 걸어가는 데만 20분이 걸리니, 구경을 정말 빠르게 하고 다시 돌아와야 했다. 지름길로 가니 볼거리가 많지 않았다.

뢰머 광장

드디어 시청이 있는 뢰머 광장에 도착했다. 사람들이 그곳에 다 모여 있었다. 마치 브뤼셀의 그랑플라스를 보는 듯했다. 사람들 잘 안 다니는 골목으로 갔다가 사람들이 다 모여있는 광장의 그 느낌. 날이 흐려서 감동은 덜 했지만, 그래도 나름 알록달록한 건물들로 빙 둘러싸여 있는 게 예뻤다. 나무로 벽을 꾸며서 레고 같은 느낌이 났다. 벨기에에서 봤던 계단 모양의 지붕을 다시 보니 반가웠다.

기차역으로 돌아가는 길에 유로 타워 옆에 있는 조형물을 봤다.

"옛날엔 화폐가 다 달라서 국경 넘을 때마다 환전하고, 남은 동전을

뢰머 광장 가는 길

처리해야 하는 게 얼마나 귀찮았는지 몰라. 지금은 유로화로 여행하니 정말 편하네."

엄마의 오래된 수첩에 나라마다 화폐 이름과 단위들이 쓰여 있는 것을 본 적이 있다. 또 화장대 구석 작은 봉투 속 여러 나라 동전이 있던 기억도 났다. 엄마 몰래 군것질을 하려고 동생과 화장대에서 동전을 찾다 발견하면 순간 설레었다가 실망했던 어릴 적 추억이 떠올랐다.

엄마와 옛날이야기를 나누며 걸으니 역에 금방 도착했다. 그 아련한 추억들을 꺼낼 때는 참 시간이 빨리 갔다.

힘들고 지쳤던 기차여행

날이 더 좋았으면 좋았을 텐데, 하는 아쉬움만 가득한 채 다른 곳은 돌아보지도 못하고 바로 역으로 향했다. 코인락커에서 짐을 챙기고 기차를 타러 갔다. 기차 안에는 이미 많은 사람이 타고 있었다. 우리가 타려고 한 기차는 프랑크푸르트에서 뮌헨으로 가는 것이었다. 일등석에도 자리가 없었다. 예약이 필수가 아니어서 안 해도 되는 줄 알았다.

결국 빈자리가 없어서 자전거 싣는 곳에 돗자리를 깔고 앉았다. 우리 말고도 바닥에 앉아서 가는 사람들이 있어서 그나마 위로가 됐지만, 근처에서 화장실 냄새가 났다. 평소엔 기차 타도 멀미하지 않았는데, 바닥에 앉아있으니 멀미까지 했던 최악의 한 시간 반 여정이었다.

그 뒤로도 두 번의 기차를 더 탔다. 기차여행은 참 고달팠다. 물론 하루 만에 그만큼 이동하는 것 자체가 무리였다. 계획을 넉넉하게 세웠어야 했는데, 엄마의 컨디션 또한 전혀 고려되지 않았던 일정이었다. 군말없이 내 계획에 최대한 맞춰주신 엄마에게 감사했다.

지칠 대로 지친 나는 오히려 힘들기보단 아무 생각이 없었다. 엄마는 무슨 생각을 하고 있을까. 바깥은 비가 내리기 시작했다. 기차에서 보는 비 오는 들판은 운치가 있었다. 하지만 약 15분 후 내가 그 빗길을 뚫고 숙소를 찾아가야 할 땐 더 이상 운치 있는 건 아니었다.

비가 잔뜩 쏟아지는 어두컴컴하고 낯선 마을에 내렸다. 숙소까지 찾아가는데 캐리어를 끌고 한 손엔 우산과 핸드폰을 같이 쥐고 길을 찾아가니 힘들었다.

관광보단 이동으로 에너지를 많이 쓴 하루였다. 만약 다시 여행하게 된다면 절대 이렇게 경로를 짜지 않을 것이다. 몸이 지치니 마음도 덩달아 지쳤다. 나보다는 엄마가 걱정이었다. 무리해서 다시 감기가 악화하진 않기를 기도했다.

(위) 뢰머 광장과 유스티아 동상 (아래) 옛날 프랑크푸르트 뢰머 광장

02 봄의 크리스마스 / 로텐부르크

나의 우려가 현실이 되었다. 엄마의 기침으로 하루를 시작했다. 결국 마을에 있는 약국에 갔다. 사탕같이 생긴 감기약, 꼭 어린이용 같았다. 뭐가 됐든 효과만 좋기를 바랐다.

독일의 지역명을 보면 부르크나 베르크로 끝나는 곳들이 많다. 부르크는 성벽에 둘러싸여 있는 도시, 베르크는 언덕 위에 있는 도시다. 로텐부르크는 '붉은 성'이라는 뜻을 가진 마을이다. 이름에서 알 수 있듯, 마을에 있는 건물들 대부분이 붉은 지붕을 가지고 있다. 성곽으로 둘러싸여 있어서 그런지 마을 외곽에는 문이 하나씩 있었다.

마을 입구에서부터 알록달록한 사랑스러움이 느껴졌다. 건물마다 다른 색으로 예쁘게 칠해져 있고, 나무를 격자 모양으로 꾸며 벽에 붙인 집들도 있었다. 장식이 화려하고, 꽃가게는 꽃을 달아두는 등 각자 특색에 맞게 간판을 꾸며둔 게 인상 깊었다. 또 만년필로 멋있게 쓴 글씨들이 있는 집들도 많았다. 글씨체도 조금씩 다 달랐다. 비슷한 분위기 안

마르크트 광장 앞

로텐부르크 마르크트 광장

로텐부르크 골목

에서 각자의 개성을 뽐내는 집들이 참 아름다웠다.

플뢴라인

로텐부르크 하면 가장 먼저 떠오르는 곳이 아닐까? 2개의 타워와 그 사이의 노란 집. 로텐부르크를 조금만 왔다 갔다 하면 쉽게 볼 수 있는 곳이었다. 진한 노란색, 연한 노란색의 집들과 함께 왼쪽엔 파란 집들이 돌바닥 위에 함께 있던 이곳은 예쁜 유럽 마을이라고 하면 떠오를 법하게 생겼다. 사람이 원래 많은 곳인데, 아침에 가니 돌아다니는 사람이 별로 없었다.

마르크트 광장

플뢴라인에서 마을 안쪽으로 걸어가다 보면 마르크트 광장이 나온다. 앞에는 하얀 의원 연회관이, 왼쪽엔 시청사가, 오른쪽엔 알록달록한 가게들이 줄을 서 있었다. 사람들은 테라스에서 식사하고 있었다. 시계탑에서 정각을 알리는 종소리와 함께 닫혀있던 창문이 열리면서 창문 안에 있는 인형이 나와 술을 마셨다. 다소 시시할 수 있지만, 정각마다 이런 소소한 재미를 주는 것이 참 좋았다.

케테볼파르트 - 크리스마스 가게

365일 내내 크리스마스라고 하는 이 마을에는 동화 속에 나올 것 같은 아기자기하고 예쁜 집들이 많고, 크리스마스 가게와 박물관이 있었다. 연한 주황색 벽에 예쁜 글씨가 쓰여 있었고, 호두까기인형이 서 있었다. 살짝 보이는 매장 입구부터 크리스마스 분위기가 났다.

매장 안에 들어가니 천장에 달린 조명부터 빙 둘러싸고 있는 수많은 나무와 트리들, 산타클로스와 루돌프의 모형이 우리를 반겨 준다. 입구 쪽에 있는 하얀 트리는 로즈골드와 금빛으로 반짝거리는 장식으로 모든 관광객의 눈길을 끌었다.

걷는 곳마다 크리스마스 용품으로 가득 차 있었다. 가게 안쪽으로 들어가면 마치 로텐부르크 마을에 눈 덮인 듯한 모습으로 꾸며두었다. 가

로텐부르크 플뢴라인

크리스마스 마켓 입구

게에 전체 조명은 꺼두고, 장식의 빛들로 건물 안을 채워놓으니, 마치 밤에 눈이 온 크리스마스 거리를 걷는 듯했다.

아쉬운 점은 이 안에서 사진 촬영이 금지되어 있다는 것이다. 눈으로 모든 걸 담아야 했다. 옛날에 카메라가 없었을 시절의 사람들은 이런 아름다운 것을 눈으로 담고 마음으로 새겼겠지. 오히려 사진을 못 찍는다고 하니 작은 것 하나하나 다 눈에 담으려고 노력해서 그런지 기억에 더 잘 남았다.

구경을 마치고 밖으로 나가니 꿈을 꾸다가 현실 세계로 돌아온 것 같았다. 짧지만 작은 마을에서의 크리스마스를 즐기고 나오니 왜 이곳이 365일 내내 크리스마스라는 별명이 붙었는지 알 것 같았다.

플뢴라인에서 골목길 옆에 난 좁은 계단을 올라갔다. 입장료를 내지 않아도 올라갈 수 있었다. 나무와 돌로 튼튼하게 만들어진 성벽에서 내려다보는 로텐부르크의 전경은 또 다른 느낌이었다.

게를라흐 대장간

성벽을 따라서 집들을 구경하다가 삼각형의 집을 발견했다. 오래된 대장장이 집이라고 한다. 엄마의 앨범에서도 봤던 곳. 노란 벽에 빨간 나무 장식이 되어 있고, 가운데는 뱀 모양의 문장이 달려 있었다. 전쟁이 일어났을 당시 크게 파괴되었으나 재건되었다고 한다. 성벽과 저 멀리 보이는 탑과 함께 독특하게 생긴 집의 모습은 옛날 중세시대 때 모습을 보는 듯했다.

우리의 마지막 목적지는 바로 엄마가 30년 전에 왔을 때 찍었던 사진의 장소를 찾아가는 것이었다. 배경엔 많은 나무가 우거져 있고 붉은 마을이 작게 한눈에 보이는 곳에 엄마가 돌담 앞에서 찍은 사진이었다.

부르크 정원

돌담 너머로 보이는 알록달록한 집들과 빨간 지붕, 그리고 우거진 숲이 보이는 이곳은 로텐부르크의 이름이 왜 붉은 성곽이었는지를 알 수 있게 했다. 작은 집들 사이에 조금 더 솟아 있는 탑들은 중세시대의 모

게를라흐 대장간

(위) 그 당시 엄마 (아래) 같은 곳에서의 나

습 그대로를 담고 있는 듯했다.

엄마는 아무 말 없이 한참이나 돌담을 쓰다듬었다. 30년 전에도 엄마가 사랑했던 마을인 로텐부르크. 지나온 세월과 옛 생각에 잠겨 있는 듯했다. 옆에서 아무 말도 하지 않고 풍경만 멍하니 바라봤다.

로텐부르크는 참 아름다운 동네였다. 집도 예쁘고, 알록달록해서 누구나 좋아할 법한 요소를 가지고 있었다. 하지만 그런 마을을 지키기 위해 성벽을 단단하게 쌓은 모습은 많은 생각이 들게 했다. 옛날과 똑같았다는 엄마의 말처럼, 언젠가 다시 방문했을 때도 이 모습 그대로 유지가 되었으면 하는 바람이 생겼다.

03 가볍게 보기 좋은 독일 마을 / 뉘른베르크, 밤베르크

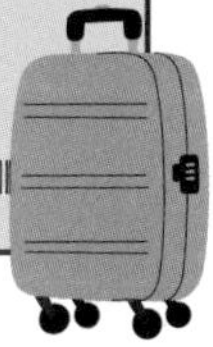

깔끔하고 아름다운 도시, 뉘른베르크

뉘른베르크에 숙소를 잡은 이유는 하나였다. 로텐부르크에서 기차를 타고 주변 도시를 다니기는 힘들었기 때문이었다. 지금 생각해보면 뉘른베르크에 2박을 잡은 후, 근교 도시 로텐부르크와 밤베르크 등을 가는 것이 더 좋았을 걸, 후회는 된다. 로텐부르크에서 기차를 타고 다녔던 게 기차여행을 좋아하는 우리한테도 꽤 버거운 여정이었기 때문이다.

"그냥 여기에 숙소를 잡고 왔다 갔다 할 걸 그랬어요."

"그러면서 배우는 거지~. 한 번도 안 와봤는데 알 수가 있나!"

여행을 다니다 보면 아쉬운 점이 생길 수밖에 없는데, 엄마는 긍정적으로 얘기했다. 덕분에 주눅 들지 않고 계획한 대로 여행을 잘해 나갈 수 있었다. 나중에 물어보니 엄마는 그저 여행하고 있다는 사실 자체가 행복했기 때문에 일정이 꼬이고 버거웠던 건 중요치 않다고 했다.

쇠너 브루넨 분수

뉘른베르크는 상당히 깨끗하고 정돈이 잘되어 있었다. 전체적으로 건물이 크고 시원시원했다. 거리는 깔끔하고 청결해서 이곳에서 살아도 좋겠다는 생각이 들었다. 큰길 따라 쭉 걷다 보니 성 로렌츠 교회, 성모 성당 등 크고 근사한 건축물이 보였다.

쇠너 브루넨

종교 건축물에는 크게 관심이 없던 터라 성당 앞에 있는 분수대에 더 눈이 갔다. '쇠너 브루넨.' 처음 들어보는 이름. 뜻은 '아름다운 샘'이라고 한다. 이름답고 섬세하게 조각된 분수는 초록색과 빨간색, 그리고 금빛으로 장식되어 있었다. 봄인데도 벌써 크리스마스의 느낌이 났다. 이 중앙 광장은 겨울이 되면 크리스마스 마을이 된다고 한다.

바이스게르버 거리

뉘른베르크에서 가장 아름답다는 거리를 찾아 다녔다. 자세한 위치가 나와 있지 않아서 길을 헤맸다. 발걸음이 닿는 대로 걷다가 아기자기하고 예쁜 집들이 모여 있는 골목을 발견했다. 골목길 시작부터 깔끔하고 큼직하지만 섬세하게 잘 꾸며진 집들이 다채로운 색감을 뽐내며 모여있었다. 저녁 시간이라 해 질 녘 노란 햇빛을 받는 골목길은 다른 마을에서 봤던 것과 비슷한 듯 다른 아름다움을 느낄 수 있었다. 알록달록한 목재 골조 주택들이 모여있는 이 골목은 짧지만, 굉장히 임팩트가 있었다.

숙소로 돌아오는 길, 유럽의 도심에서 일상적인 모습을 볼 수 있었다. 여행지로서도 좋았지만, 이런 곳에서 실제로 살아도 좋을 것 같다는 느낌을 받은 도시였다.

뉘른베르크의 아름다운 골목, 바이스게르버 거리

뉘른베르크 근교 여행, 밤베르크

“옛날에 로텐부르크 오면서 여기도 오고 싶었는데 일정이 안 돼서 못 왔었어. 이번 일정에 밤베르크가 껴있어서 얼마나 좋던지.”

되면 가고 아니면 말고 식으로 후보에 넣어 두었던 밤베르크. 전날까지도 갈까 말까 고민했다가 시간이 남아 들르게 된 곳. 이번에도 오지 않았다면 엄마가 정말 아쉬워했을 것이다. 엄마는 가기 전에 이야기하면 혹시나 못 가게 되었을 때 내가 신경 쓸까 봐 일부러 이곳에 도착한 이후에 얘기한 것 같았다.

밤베르크 구시청사

밤베르크 골목

뉘른베르크에서 기차를 타고 약 40분을 달려 밤베르크에 도착했다. 구시가지에 가까워질수록 사람들이 점점 많아졌다. 밤베르크는 구시청사부터 그 안쪽 마을에 볼거리가 많았다. 마을의 집들은 전체적으로 다른 독일 마을들과 비슷했다.

밤베르크 구시청사

중앙역에서 약 10분 정도 걸으면 밤베르크 구시청사가 나온다. 양옆에 다리를 끼고 있는 건물. 그 앞엔 하얀 집이 노란 목재로 이리저리 장식되어 있었다. 마치 여러 가지 모양의 집을 만든 후 붙여놓은 것처럼 생겼다. 구시청사의 모습은 근처 다리나 강변에서 봐야 더 잘 보인다. 건물 벽에 입체적인 그림을 그려놔서 언뜻 보면 조각이 되어 있는 것 같았다.

밤베르크 시내 다리

밤베르크의 골목길은 다른 유럽의 골목길처럼 아기자기하고 예뻤다. 어딜 찍어도 아름답고 엽서 같은 곳이어서 인상 깊었다. 골목뿐만 아니라 근사한 건축물도 함께 있어 옛날 모습을 간직하고 있었다.

밤베르크는 사람들이 많이 안 올 줄 알았는데, 생각보다 관광객이 정말 많았다. 특히 단체관광객이 많았는데, 대부분 외국인 할머니 할아버지들이었다. 단체 효도 관광을 오신 듯했다.

구시가지가 있는 곳에서 다시 다리를 건널 때, 파란 건물에 하얀 조각 건물이 보였다. 꼭 창문에 레이스를 달아둔 듯했다. 그 앞엔 금빛 모자와 금빛 막대기를 들고 있는 동상이 있었다. 주말이라 그런지 아이들이 돗사리를 깔고 그 동상이 있는 다리 위에서 벼룩시장처럼 중고 물품을 팔고 있었다. 자신의 장난감과 인형, 어렸을 때 입던 옷들을 파는 모습이 참 귀여웠다.

밤베르크는 가볍게 구경하러 오기 좋은 곳 같다. 뉘른베르크에서도 가깝고, 볼거리가 다른 마을들과 마찬가지로 몰려있기 때문이다. 시간이 더 많았다면 오래 보고 싶었는데, 다음 일정이 있어서 아쉬운 마음을 뒤로한 채 밤베르크를 떠나야 했다.

04 행복과 불행은 같이 온다 / 퓌센

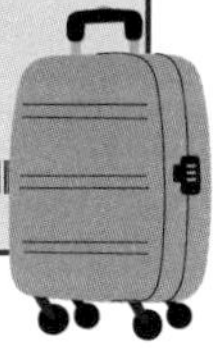

작은 마을 속 큰 행복

뉘른베르크에서 짐을 찾고 뮌헨으로 갔다. 퓌센으로 가는 기차가 곧바로 있었다. 기차는 깨끗하고 쾌적했다. 출발하기 직전에 엄마 또래의 외국인 아줌마가 우리 옆으로 들어오려고 했다. 짐이 무거운 듯 낑낑대고 있길래 엄마가 문을 열어줬다. 아줌마가 고맙다고 인사해서 우리도 웃음으로 답했다.

작은 동네마다 서는 기차를 탄 지 약 40분 정도 흘렀을까, 아줌마가 짐을 끌고 내릴 준비를 했다. 우리는 이번에도 유리문을 잡아주었다.

“정말 감사합니다. 덕분에 편하게 기차 이용을 할 수 있었어요. 즐거운 여행 되세요.”

“천만에요. 즐거운 하루 보내세요. 감사합니다.”

아줌마와 우리는 서로 인사를 나눴다. 기차에서 내린 아줌마가 간 줄

퓌센 마을

알았는데, 우리 창문이 잘 보이는 벤치 앞에 서 있었다. 그리곤 눈이 마주칠 때마다 손을 흔들어 주었다. 한참 서 있다가 기차가 출발할 때 웃으면서 손을 흔들어 주었다. 나도 같이 손을 흔들며 다음 역으로 떠났다.

처음 만났고, 앞으로 다시 만날 일이 없는 사람인데도, 그렇게 웃어주며 배웅해주니 괜히 마음이 따뜻해졌다. 낯선 곳에서 만난 사람과 이렇게 따뜻한 인사를 나누다니, 기분이 좋아졌다.

"뭔가 말은 잘 통하지 않지만 마음으로 통하는 느낌이 들었어. 인스타그램 아이디라도 물어볼걸."

잠깐의 짧은 만남 속에서도 엄마가 이렇게 아쉬워하다니 정말 마음으로 통하는 것이 있는 걸까. 조금 더 용기 내서 짧은 시간 동안이라도 이야기했다면 둘은 지구 반대편 친구가 될 수 있었을까. 아쉬움과 따뜻함이 함께 남아 있던 기차여행이었다.

퓌센까지 가는 길은 꽤 험난했다. 중간에 내려서 버스로 갈아타야 했다. 분명 기차 타고 한 번에 간다고 했는데. 멀미할까 걱정했지만, 버스 타고 가는 길에 알프스산맥과 드넓은 초원을 보다 보니 어느새 도착했었다.

퓌센은 아기자기한 마을이었다. 파스텔 색조의 낮은 건물들은 유럽에 와서 많이 봤어도 또 새로웠다. 전체적으로 독일의 마을들은 정말 깨끗했다. 이곳 또한 마찬가지였다. 마을은 작았기 때문에 금방 둘러볼 수 있었다. 아이스크림 하나씩 사서 먹으며 마을을 둘러봤다. 퓌센은 사실 노이슈반스타인성을 보러 온 것이었는데, 이렇게 예쁜 마을일 줄 몰랐다. 예상치 못했기에 선물 같았던 곳이었다.

절벽 위 디즈니성

아침 일찍 성에 갈 준비를 하는데 날이 흐렸다. 날씨 요정이 이번에도 우리의 편에 서주지 않는 걸까, 조금 더 지나면 괜찮겠지 했지만 출발하려니 비까지 오기 시작했다. 우산 쓰고 터벅터벅 걸어간 버스정류장 근처에는 택시가 있었다.

가격은 11유로. 생각보다 저렴한 가격에 계획에도 없는 택시를 탔다.

도착한 정류장엔 성을 잘 볼 수 있는 마리엔 다리로 가는 셔틀버스가 있었다. 다리에 사람이 잔뜩 올라가 있는 사진을 본 적이 있어서, 버스에서 내려 사람이 몰리기 전에 다리 위로 서둘러 뛰어 올라갔다.

다리 위엔 사람들이 거의 없었다. 아침부터 택시 타고 서두른 덕분인가. 느긋하게 볼 수 있겠다 싶었지만 생각보다 부실해 보이는 다리가 불안했다. 한걸음 디딜 때마다 다리에서 끼익 소리가 나면서 살짝 들어가는 느낌이 들었다. 사람들도 다 가장자리를 밟고 구경했다. 엄마는 다리가 무서워서 입구에서만 살짝 서 계셨다. 나는 일부러 옆을 안 보고 앞만 보면서 다리를 걸어갔다.

고개를 돌려 딱 바라본 노이슈반스타인성. 처음 봤을 땐 소름이 돋았다. 생각보다 정말 컸다. 사진으로 봤을 때는 웅장한 느낌이 들지 않았는데 직접 보니 분위기에 압도당했다. 이 엄청난 분위기를 뽐내는 성의 모습을 담고 싶었지만 내 카메라 또한 그 분위기까지 담지는 못했다. 누군가 내 사진을 보고 이곳에 온다면 그 또한 이 광경에 깜짝 놀랄 것이다. 역시 여행은 직접 가야 그 감동을 느낄 수 있다.

다리에서 내려와 정류장으로 다시 걸어가는 길에 퓌센의 마을을 볼 수 있는 전망대가 있었다. 눈이 조금 쌓여있는 산맥을 구름이 살짝 감싸고 있었고, 그 앞엔 산과 구름을 품고 있는 호수가 보였다. 산 중턱에 숨어있는 노란 성, 호엔슈반가우성도 보였다. 눈을 조금 더 오른쪽으로 돌리면 넓은 들판과 옹기종기 모여있는 작고 빨간 지붕의 집들이 보였다. 그림 같은 풍경에 한참을 서서 바라보았다.

"눈 내리는 겨울에 또 오고 싶다!"

"할아버지가 엄마 어렸을 적에 달력을 주셨는데, 그 달력 12월 사진이 눈 내린 노이슈반스타인성이었어. 그때부터 여행의 꿈을 안고 살았지. 여행 자율화가 되고 나서, 이 성 하나만을 보려고 첫 여행을 왔는데, 하필이면 쉬는 날이었던 거야. 결국 굳게 닫힌 문 앞에서 지나가는 사람

노이슈반슈타인성

붙잡고 겨우 사진 한 장 찍고 돌아왔어."

지금은 공사 중이어서 그 문조차 구경할 수 없었다. 그래도 성안을 구경할 수는 있었기에 무료로 들어갈 수 있는 곳까지만 둘러보았다. 돌로 만들어진 성에 비대칭으로 세워져 있는 뾰족한 탑은 정말 디즈니성 같았다.

유레일 패스 분실 사건

아침에 좋은 풍경을 보고 산책하면서 행복한 오전을 보내고 뮌헨으로 가는 기차에 올라탔다.

유레일 패스를 꺼내려는데 순간 가슴이 철렁했다. 가방에 있어야 할 내 패스가 보이지 않았다. 혹시 캐리어에 넣었나 싶어서 열어 봤지만 거기에도 없었다. 그 사이 기차는 출발했고, 엄마와 나는 당황했다. 저 멀리서 기차표를 확인하러 직원이 걸어오고 있었다.

"죄송한데, 제가 유레일 패스를 잃어버렸어요."

"뭐? 넌 표를 잃어버린 거야! 패스를 잃어버린 건 네가 표가 없는 거라고!"

갑작스럽게 생긴 일에 머리가 고장 났다. 앞으로 남은 여행 기간이 한 달 이상인데, 유레일패스를 잃어버리다니. 덜렁거리다가 잃어버리니 속상하고 자신이 미워졌다. 아침에 그렇게 좋았는데, 갑자기 우울하고 짜증이 났다.

"괜찮아. 큰 도시 가서 다시 사면 되지. 별거 아니야. 오! 저 꽃 봐. 되게 이쁘다."

한껏 시무룩해져 있는 나를 위해 엄마는 계속 위로했다. 덕분에 기차역에 있는 사르륵거리는 나무들, 바닥 틈 사이에 피어 있는 하얀 꽃, 자기들끼리 노래부르며 날아다니는 참새들을 구경했다. 마음이 괜찮아졌다. 만약 나 혼자였다면 무척 당황하고 자책했을지도 모른다. 결국 그

노이슈반슈타인성에서 본 퓌센

뒤의 일정도 다 망쳤을 텐데. 옛날부터 내 편이었던 엄마는 이번에도 나를 위로해 주었다. 일정이 꼬이고, 생각지도 못한 지출을 하게 됐지만 그래도 엄마는 괜찮다고 했다. 함께 와서 참 다행이었다.

뮌헨역에 내려서 유레일 패스를 샀다. 750유로. 엄마 카드로 긁은 후 다시 죄인이 된 기분이었다. 앞으론 정말 조심해야겠다고 다짐했다. 소매치기도 아닌 온전히 나의 실수였으니 말이다.

여행은 인생처럼 내가 계획한 대로 이뤄지는 것도 아니고, 항상 무언가 사건이 생긴다. 그 사건을 해결하는 것도 여행의 묘미겠지? 하지만 바보같이 돈이 나간 건 쓰라린 경험이긴 하다.

Chap. 6

오스트리아

통화	유로 € (1유로 : 약 1,300원대)
전압	220V
언어	독일어

알아두면 좋은 점

▶팁

- 식당과 커피숍에서는 약 5~10% 정도를 팁으로 준다. 호텔에서 서빙을 받았을 경우 1~2유로가 적당하다. 팁이 계산서에 포함되어 있지 않다.

▶에티켓

- 호텔 엘리베이터 안에서나 가게에 들어갈 때 등 모르는 사람과도 간단하게 인사한다. 사소한 서비스를 받았다면 고맙다는 인사를 한다. 오스트리아에서는 독일어를 사용하므로 간단한 독일어 등을 알고 가면 좋다.
- 국수나 수프 등 음식을 후루룩 소리 내 먹기, 코를 풀지 않고 훌쩍이며 콧물을 마시는 행동은 예의에 어긋나는 행동이다.

▶교통비가 비싼 편이다. 대중교통을 자주 이용해야 한다면 1일권 등을 이용하자.

▶현금 사용이 더 흔하며, 신용카드를 사용하기 전 가능 여부를 확인해봐야 한다. 오스트리아에서는 소규모 상점에선 카드 사용이 안 되니 웬만하면 현금을 들고 다니자.

▶시내 대중교통 이용 시 승차권은 파란색 Validator에 넣어 출발 일시를 꼭 스

탬프 찍어야 한다. 버스나 전차는 안에서 찍을 수 있고, 지하철은 지하철역 입구에서 찍을 수 있다.

▶ 대중교통 이용 시 유용한 앱, Quando Wien.

▶ 일요일과 공휴일에는 슈퍼마켓을 포함한 거의 모든 가게가 문을 닫는다. 장은 미리 봐두자.

▶ 오스트리아의 수돗물은 알프스 물이기 때문에 그대로 마실 수 있다. 하지만 찝찝할 경우 가게에서 물을 사 먹어도 된다. 유럽은 탄산수도 많이 마시기 때문에 종류를 잘 확인하고 사야 한다. 물의 종류: 강한 탄산수(prickled), 약한 탄산수(mild), 탄산이 없는 물(ohne, still)

▶ 공공화장실은 유료이며 50센트 동전으로 내야 하는 경우가 있다. 항상 동전을 가지고 다니도록 하자.

01 안개와 호수 / 할슈타트

할슈타트는 작은 호수 마을이었기 때문에 공기가 아주 깨끗했다. 심지어 비까지 와서 더욱 깨끗했다.

날이 맑았으면 좋았겠지만, 또 비가 주룩주룩 오는 날 빗소리를 들으며 운치를 즐기는 것도 나름 좋았다.

조용한 자연풍경과는 다르게 할슈타트는 유명한 관광지라서 그런지 사람들이 정말 많았다. 이 작은 마을에 이렇게 많은 사람이 매일 찾는다면 여기 사는 주민들은 참 힘들 것 같다는 생각이 들었다. 사실 이 생각은 관광지에 갈 때마다 들긴 했다.

할슈타트 하면 딱 떠오르는 그 풍경의 장소를 찾으러 갔다. 마을 안쪽으로 조금 걷다 보면 사람들이 모여 있는 곳이 있었다. 지도를 보지 않아도, 관광객들이 많이 다니는 곳은 사진 찍기 좋은 곳임을 알 수 있었다.

할슈타트 전망대

할슈타트 전망대

사진에서 보던 곳을 실제로 보니 참 신기했다. 산에 옹기종기 모여 있는 집들, 저 멀리 큰 산을 감싸는 구름, 마을의 중심을 잡은 교회, 이 모든 것을 잔잔하게 비추고 있는 호수까지. 막상 보니 왜 유명한지 알 것 같았다. 조용하고 평온함까지 있었다면 참 좋았겠지만, 주변은 관광객들로 북적이고 있었다.

할슈타트 광장

마을을 걷다 보면 작은 광장 비슷한 곳을 지나다니게 된다. 여러 예쁜 집들로 둘러싸여 있는 이곳은 카페와 음식점들이 모여 있었다. 이곳 또한 조각상 앞에서 사진을 찍으려는 줄이 있었다.

사람이 없는 곳으로 가 보고 싶었지만, 마을 전체가 관광객들로 붐볐다. 비가 오다 보니 우산 때문에 돌아다니기가 더 힘들었다. 날씨도 생각보다 너무 쌀쌀해서 할 수 없이 숙소에 일찍 돌아왔다.

"여기 정말 좋네. 빗소리와 피아노 음악, 정말 와보고 싶었던 할슈타트. 이번 생에 또다시 올 수 있을까?"

"또 오면 되지! 백 세 시대에 엄마 반 조금 더 왔는데 뭐~. 또 오고 싶을 때 오자!"

"그래 좋아~."

날이 맑은 날, 눈이 오는 날 다시 이곳에 와보고 싶었다. 다시 온다면 엄마와 오고 싶다. 물론 시간과 돈이 생긴다면, 가보지 않은 곳을 먼저 선택하겠지만 오스트리아에 다시 엄마와 오게 된다면 그땐 할슈타트에 다시 한번 들르고 싶다.

안녕, 할슈타트

유명한 곳의 사진을 찍기 위해 아침 일찍부터 준비해서 다시 찾아갔다. 날이 맑진 않았지만 그래도 비가 오지 않음에 감사했다. 아침 공기를 마시며 도착한 그곳엔 이미 사람들이 와있었다. 참 부지런하기도 하다. 그래도 어제보다 훨씬 사람이 적었다. 아침이라 그런지 단체관광객도 없었고, 다들 조용히 사진만 찍었다. 풍경은 어제와 똑같았지만, 새소리와 물소리, 그리고 서로 작게 이야기하는 소리 정도만 들리니 분위기는 또 달랐다. 새벽에 왔으면 조용하고 이곳을 완벽히 즐길 수 있었을까, 인간의 욕심은 끝이 없으니 이 정도도 만족하기로 했다.

다음 여행지인 잘츠부르크에 가기 전, 나는 숙소에서 쉬었고, 엄마는

운치 있는 호수에서

할슈타트 예쁜 표지판

마을을 좀 더 둘러보고 오겠다고 했다.

“마을 뒤쪽으로 올라가는 길이 참 좋더라. 거기서 본 풍경도 밑에서 본 거랑은 느낌이 또 다르더라고. 여기 사진 봐봐.”

한껏 상기돼서 돌아온 엄마는 찍은 사진들을 보여주면서 사진으로만 봤던 곳을 실제로 걸어 다니니 가슴이 벅찼다고 했다. 피곤한 걸 조금 참고 엄마와 함께 둘러볼 걸, 후회도 됐다. 하지만 잠깐이라도 혼자 둘러보는 것 또한 엄마에겐 특별한 추억이 될 테지.

슬슬 할슈타트를 떠나야 할 시간이 다가왔다. 워낙 유명한 관광지라 크게 기대는 안 했지만, 이른 아침 사람들이 몰리기 전, 이 호수 마을은 참 아름답고 평온했다. 기차역으로 돌아가기 위해 배를 탔다. 길을 걸을 땐 가까워서 잘 보이지 않던 풍경이 배를 타고 마을을 떠날 때 비로소 잘 보이기 시작한다. 서서히 멀어지는 마을을 보니 더 구석구석 잘 돌아다닐걸, 하는 아쉬운 마음이 생겼다. 하지만 아쉬울 때 떠나야 더 여운이 남을 거 같았다. 엄마와 함께 손을 흔들며 할슈타트에 인사해주었다.

02 〈사운드 오브 뮤직〉 속으로 / 잘츠부르크

이번 여행을 시작하게 된 이유

20~30년 전 유럽 여행을 이미 두세 번 다녀오셨던 엄마는 여행을 사랑했다. 하지만 내가 태어나고 동생이 태어나면서부터 유럽 여행은 꿈으로만 남겨둬야 했다.

이번 여행을 시작하게 된 가장 첫 단추는 〈사운드 오브 뮤직〉이었다. 엄마의 취향과 딱 맞는 이 영화는 가끔 TV 프로그램에서 방영하곤 했다. 봤던 것을 보고 또 봐도 엄마는 그 알프스산맥의 풍경, 평화로운 분위기, 좋은 노래 등 모든 것을 사랑했다.

여행 이야기가 나오기도 전, 엄마는 평소처럼 그 영화를 보고 있었다. 영화 속 남자 주인공인 본 트랩 대령이 사는 저택이 나올 때 엄마가 말씀하셨다.

"호텔로 개조해서 저기서 잘 수 있다고 하더라. 한번 가 보고 싶다."

평상시에도 엄마는 여행 가고 싶다는 말을 자주 했다. 그날 그 말을 듣고 마음속에 무언가 뜨거운 울림이 생겼다.

'엄마를 꼭 저기 데려가야겠다.'

엄마가 여행을 얼마나 사랑하는지 알기 때문에, 좋은 추억을 남겨드리고 싶었다. 20~30년 전에 다녀온 여행 이야기로 30년 동안 똑같은 이야기를 했으니, 이제 여행 이야기를 업데이트해 드릴 필요가 있었다. 엄마가 사랑하는 영화 속 장소를 훑어보는 게 아니라 직접 가봤으면 했다. 더 나아가 그 장소만 가는 것이 아닌, 엄마와 함께 유럽을 둘러보고 싶었다.

"가면 되지. 한번 호텔 알아볼게요"

홈페이지를 찾아보니, 가장 저렴한 방이 취소 불가 조건으로 23만 원부터 시작했다. 스물세 살, 가끔 아르바이트해서 번 돈을 여기저기 쓰던 나는 5월 23일 날짜로 방을 예약해버렸다. 못 가면 어쩔 수 없지, 하는 마음보다 무조건 가야겠다고 생각하고 그때부터 돈을 모으기 시작했다. 아르바이트하며 시간 날 때마다 여행 계획을 세웠고, 돈이 들어오는 대로 전부 숙소 예약하는 데 썼다. 그날을 기점으로 앞뒤 일정을 잡기 시작했고, 그렇게 50일간의 여행 계획이 나오게 되었다.

봄이 좋아 예약한 5월 23일의 잘츠부르크. 우리의 유럽 여행 이야기의 도화선이 된 이 호텔에서 엄마와 함께하는 이야기를 써 내려 가보려 한다.

호텔로 가는 길

입구부터 근사했다. 아르바이트해서 번 돈으로 숙소를 찾다 보니 항상 저렴한 숙소만 묵었었는데, 오래간만에 호텔다운 호텔이었다. 입구가 막혀 있었고, 안내 호출을 하면 호텔 예약했을 때의 이름과 번호를 확인하고 그제야 문을 열어주었다. 호텔 투숙객만 안으로 들어올 수 있게 한 것 같았다. 그런 점을 알았던 건지 우리 뒤에 있던 외국인 여학생 두 명이 우리가 문을 열고 들어가자 바짝 붙어서 따라 들어왔다.

영화에 실제 나왔던 저택 옆에 작은 건물이 있었는데, 그곳이 숙소였다. 체크인하고 올라가서 짐을 풀었다. 나름 아기자기하게 잘 꾸며진 방이라 엄마는 정말 마음에 들어 했다. 할슈타트에 있을 때는 날씨가 너무 추워서 옷을 잔뜩 껴입고 다녔는데, 이곳은 날이 꽤 포근했다. 가벼운 옷으로 갈아입고 화장을 다시 고쳤다. 엄마도 예쁜 옷, 예쁜 신발을 꺼내 한껏 꾸몄다.

드디어 그 장소에

숙소에서 나와 펼쳐지는 풍경에 엄마는 어쩔 줄을 몰라 했다. 엄마에겐 이 순간순간이 전부 소중한 듯 열심히 둘러봤다. 파란 하늘 아래 뭉게구름, 저 멀리 보이는 산과 눈앞엔 넓은 호수. 영화에서 아이들과 함께 노래불렀던 그 장소인, 말 동상 앞에서 엄마는 한참이나 서 있었다.

"어머, 세상에…. 내가 여길 와 보다니…."

햇빛이 반사되어 반짝이는 호수보다도 엄마의 눈이 더 반짝거렸다. 엄마는 말 동상을 쓰다듬으며 한참이나 꿈속에 있는 듯했다. 영화에 나왔을 때는 말 동상이 참 깔끔했는데, 시간의 흔적을 고스란히 담은 듯 부식되어 있었다. 엄마가 이렇게 좋아하는 모습을 보니 울컥했다. 엄마에게 큰 선물을 했다는 생각에 뿌듯했다.

다른 관광지들과 다르게 투숙객들만 머물 수 있는 곳이다 보니 사람들이 거의 없었다. 여유롭고 평화로운 이 시간이 정말 행복했다. 〈사운드 오브 뮤직〉 노래를 틀어 놓고 그네를 타고, 벤치에 앉아 수다를 떨었다. 호수 건너 저 멀리 셔틀버스가 오고 이내 많은 사람이 우르르 내렸

(왼) 말 동상이 보이는 곳에서 (오) 말 동상 앞에 선 엄마

다. 와글와글 소리가 잠깐 들리더니 다시 셔틀을 타고 사라졌다.

여유를 한참 만끽하고 호수 둘레를 산책했다. 파란 하늘 아래 나무가 우거진 곳 사이 숨어있는 하얀 저택. 엄마가 쓰다듬으셨던 말 동상까지 작게 보이니 꼭 영화 세트장을 멀리서 보는 듯했다. 호수엔 많은 오리들이 꽥꽥거리며 헤엄을 치고 있었다. 새소리, 오리 소리, 바람에 나뭇잎이 흔들리는 소리. 자연의 소리와 함께 산책을 마무리하고 다시 숙소로 돌아갔다.

음악 소리와 함께

다시 들어온 호텔 마당에서 노랫소리가 들렸다. 꼬마부터 청소년까지 베레모와 체크 셔츠, 체크 반바지, 목가적 분위기가 물씬 나는 의상을 입고 합창하고 있었다. 구경하던 사람들은 손뼉을 치고 다음 합창팀이 준비하고 있었다. 합창을 하는 사람들은 장소를 이동해가며 노래를 불렀다. 새소리와 함께 노래를 들으니 꼭 〈사운드 오브 뮤직〉 영화 속에 들어온 기분이 들었다. 노래를 몇 곡 부르더니 사람들이 우르르 이곳을 빠져나갔다. 다시 조용해진 호수에서 개구리와 오리들의 합창이 이어졌다.

혹시 하늘에 별이 많이 떠 있을까 싶어 밤하늘을 봤지만 별 4개밖에 보이지 않았다. 공기도 좋고 하늘도 맑아서 많이 볼 수 있을 줄 알았는데 내심 아쉬웠다. 한참 하늘을 보던 중 비행기가 지나갔다. 여행 처음 시작했을 때부터의 이야기를 나누었다.

"엄마가 우리 딸 덕분에 이런 곳도 다 와보고. 정말 행복하네~."

"나도 엄마랑 같이 여행해서 행복해요!"

엄마의 소원 중 하나를 이뤄서 그런지 평소보다도 더 뿌듯했다. 엄마가 행복해하니 나도 행복했다. 앞으로도 더 좋은 곳을 더 보여드리고 싶었다.

궁전 같은 곳에서 아침을

아침은 하얀 저택에서 먹을 수 있다고 해서 찾아갔는데, 마치 궁전에 온 것 같았다. 크고 둥근 테이블 여러 개에 의자가 둘러싸여 있었고, 고급스러운 연회장 같았다. 층고가 굉장히 높아 높은 창문 밖으론 햇빛을 받는 푸른 나무들이 보였다. 천장에선 엄청 화려한 샹들리에가 빛을 받아 눈부시게 반짝이고 있었다. 벽엔 큰 그림이 여러 개 걸려있고, 금장으로 장식된 조각들이 여러 군데 붙어 있었다. 조식도 다른 곳에 비해 메뉴가 많았다. 음식도 참 맛있어서 많이 먹었다. 음식도 음식이지만 장

(위) 잔잔한 호숫가 (아래) 전통의상 입고 노래 부르는 학생들

화려한 호텔 내부

소가 주는 황홀함은 또 다른 기분으로 다가왔다.

식당 근처에는 조리기구와 여분의 테이블 등을 두는 방이 있었는데, 여기 또한 근사한 샹들리에와 화려한 금빛으로 둘러싸인 그림들이 벽면 전체를 덮고 있었다. 이렇게 화려하고 멋진 곳을 왜 그냥 두는지 알 수 없었지만, 화려함에 넋을 잃고 구경했다. 앤티크를 좋아하는 엄마는 눈이 휘둥그레져서 정신없이 바라보셨다.

화려함과 고풍스러움, 자연이 함께 어우러진 이곳은 또 방문하고 싶을 정도로 아름답고 인상 깊은 곳이었다. 특히 엄마가 정말 사랑한 영화 속 그곳이라 우리에겐 더욱 뜻깊은 곳이었다. 체크아웃한 후에도 쉽게 떠날 수 없었다. 짐 가방을 들고나와 벤치에 앉아서 〈사운드 오브 뮤직〉 노래를 틀어두었다.

'에델바이스~ 에델바이스~'

'도레미~'

"여기서 못 떠나겠다…. 아쉬워서 못 갈 것 같아."

노래까지 틀어두니 엄마는 더 아쉬워했다. 나도 아쉬워 발걸음이 떨어지지 않는데 엄마는 오죽할까. 우리와 조금 떨어진 곳에 엄마 또래의 외국인 아주머니 두 분도 짐가방을 옆에 두고 이야기를 나누고 있었다. 분명 우리와 마찬가지로 아쉬워서 떠나지 못하는 것이라며, 우리끼리 이야기를 나눴다. 짐가방을 들고 가려고 할 때 그 아주머니들께서 우리를 보고 웃으며 인사했다. 분명 우리처럼 그분들도 우리 이야기를 하셨겠지. 우리도 손을 흔들며 인사를 나눴다. 더 있고 싶었지만, 우리는 다음 일정을 위해 떠나야 했다.

03 섬세한 아름다움 / 잘츠부르크

미라벨 정원

가장 먼저 도착한 곳은 미라벨궁이었다. 이 궁 앞에 있는 정원은 〈사운드 오브 뮤직〉에 나왔었다. 하얀 건물 앞 예쁘게 꾸며진 공원과 분수대. 5월 말이었지만 꽃이 많이 피어 있진 않았다. 그래도 깔끔하게 정리되어 있어 예뻤다. 근처 장미가 복숭아색으로 예쁘게 피어서 아쉬운 대로 장미꽃 사진만 많이 찍고, 좀 더 시내 쪽으로 걸어가 보기로 했다.

잘츠부르크 대성당

시내에서 길 따라 쭉 걷다가 아치형 문을 지나면 하얀 건물이 눈에 딱 들어온다. 잘츠부르크 대성당이다. 입구엔 문이 3개 있었다. 성당 안으로 들어가니 양초에 불을 붙일 수 있는 곳도 있었다. 몇 명은 양초를 사서 불을 붙여 성모 마리아 사진이 놓여있는 곳에 양초를 두었다. 어두운 곳에 촛불로 불을 밝히니 참 예뻤다. 안쪽으로 들어가니 하얀 벽에 섬세

미라벨 정원

(왼) 간판이 특이한 잘츠부르크 (오) 섬세한 잘츠부르크 대성당 내부

히 조각해 둔 천장과 벽, 그리고 그곳에 그려져 있는 그림들이 시선을 사로잡았다. 밖에서 봤을 때는 돔 모양의 지붕과 건물이 투박한 느낌이어서 실내에 큰 기대를 하지 않았는데, 내부가 생각보다 아름다웠다. 그림과 조각뿐만 아니라 건물 자체의 구조 또한 아름다웠다. 그 옛날에 어떻게 이렇게 만들었을까 감탄이 절로 나왔다.

호엔잘츠부르크성

성당에서 나오니 넓은 광장이 우릴 맞이했다. 광장 한가운데에는 금색의 큰 구조형물과 함께, 바닥에는 체스판 모양으로 색이 칠해져 있고 체스 말이 있었다. 주변에서 아이들이 모여들어 체스를 하고, 사람들은 구경하고 있었다. 와글와글 떠드는 소리를 뒤로 하고 성 전망대에 올라갈 수 있는 푸니쿨라를 타러 갔다.

올라간 전망대에선 정말 잘츠부르크 시내가 한눈에 들어왔다. 날이 좋아 저 멀리 있는 산과 들까지 다 보였다. 다른 전망대에서 봤던 마을은 붉은 지붕일 때가 많았는데, 이곳은 까만 지붕이 대부분이었다. 나라마다, 도시마다 각자 고유의 특색을 가지고 있는 것이 인상 깊었다.

이곳까지 걸어올 때는 길을 헤매기도 했는데, 위에서 보니 미니어처처럼 한눈에 보이는 게 신기했다.

"저기 아까 그 금 구조형물! 저기 통해서 쭉 가서 이렇게 왔었는데!"

"그러네! 우리가 저쪽으로 해서 왔었나?"

이곳에 올 때 지나오던 길을 다시 거꾸로 짚어가며 우리가 갔던 곳을 숨은그림찾기 하듯 찾아냈다.

〈사운드 오브 뮤직〉 촬영지를 좀 더 가보고 싶었지만, 시내와 떨어져 있어 가기 힘들었다. 거기에는 엄마가 관광버스를 타고 다니는 걸 좋아하지 않은 이유도 한몫했다. 하지만 엄마는 그 호텔에서 묵었던 것만으로도 정말 좋아하셨기 때문에 아쉬움은 없었다. 평화로웠던 호캉스를 즐기다 사람들이 많이 몰리는 시내 구경을 해서 그런지 엄마는 금방 지쳐 보였다. 하루 일정을 일찍 마무리하고 숙소에 들어가서 쉬었다.

길바닥에서 체스하는
학생들

호엔잘츠부르크 전망대

04 음악과 예술의 도시 / 빈

잘츠부르크에서 여유롭게 출발해 점심 즈음 빈에 도착했다. 가는 길에 듣는 엄마의 옛날 여행담은 언제 들어도 흥미로웠다. 그 당시 잠깐 들렀던 빈에서 있었던 이야기. 30년 전 일을 어쩜 그렇게 잘 기억해 내는지 참 신기했다.

"엄마는 어떻게 다 기억해요? 신기하다."

"여행 가고 싶어서 봤던 사진 보고 또 보고, 로드뷰로 다시 찾아보고. 그렇게 생각하다 보면 머릿속에 아예 새겨넣게 돼. 이번에 여행했던 것도 30년보다도 훨씬 오래 기억되겠지? 그때 되면 네가 내 나이가 됐겠다. 너도 나중에 딸 데리고 또 여행 다니고 그래. 옛날이야기도 해주면서."

벨베데레 궁전

빈 둘러보기

벨베데레 궁전

가장 먼저 우리는 숙소에서 가까운 벨베데레 궁전에 가기로 했다. 입구부터 화려한 문양의 문, 그 뒤로 깔끔하게 잘 정돈된 정원. 민트색 지붕에 하얀 건물은 파란 하늘과도 잘 어울렸다.

궁전 안에 들어가서 사람들이 많이 걸어가는 곳으로 따라갔다. 그곳엔 왠지 클림트의 〈키스〉가 있을 것 같았다. 역시 내 예상이 맞았다. 영롱한 금빛이 반짝이는 그림과 함께 조명의 빛을 반사해서 더 반짝이는

(왼) 빈 왕궁 정원에서 쉬는 사람들 (오) 왕궁 정원(모차르트 동상)

유리판. 유리가 없었으면 그림을 더 잘 볼 수 있을 텐데, 보호 목적이었기 때문에 어쩔 수 없었다.

그림을 자세히 보니 역시 인터넷에서 보던 것과는 확실히 다른 느낌이었다. 그림이 생각했던 것보다 컸다. 크기가 주는 느낌도 무시할 수 없다고 생각한다. 이 그림에서 눈에 띄는 요소 중 하나는 역시 금박일 것이다. 반짝이는 금박들, 화려한 색채와의 조화는 아름다움 그 자체였다.

찬찬히 그림을 보고 있을 때, 어디선가 한국어가 들리기 시작했다. 한국인 가이드가 작품을 설명하고 있었다. 들으려고 들은 건 아니지만 작품을 보면서 살짝 귀동냥을 했다. 워낙 유명한 그림이어서 그런지 정말 자세히 설명하고 있었다.

"네모는 남성성, 동그라미는 여성성을 상징합니다. 동그라미와 네모가 중간에 섞여 있는 모습은 둘이 사랑을 나눈다는 걸 보여준다고 할 수 있죠…."

계속 그곳에 있을 수는 없어서 다른 방에도 들어가 작품을 구경했지만, 클림트의 작품이 인상적이어서 다른 그림이 눈에 잘 안 들어왔다. 가볍게 훑어보다가 뜻밖의 장소에서 갑자기 나폴레옹을 만났다. 다비드의 〈알프

호프부르크 왕궁

스를 넘는 나폴레옹〉. 작품은 생각보다 정말 컸다. 전 세계에 총 5점이 있다고 들었는데, 그중 하나가 여기 있다니 횡재한 기분이었다.

왕궁 정원

화려한 작품들과 건축물에 푹 빠졌다가 눈을 식힐 겸 근처 왕궁 정원으로 갔다. 엄마가 옛날에 왔을 때도 예쁘게 꽃이 있던 모차르트 동상이 있던 곳은 거의 그대로라고 한다. 빨간 꽃으로 심어진 높은음자리표 모양, 그 뒤엔 모차르트 동상이 서 있었다. 음악의 도시라 불릴 만한 곳이었다.

쇤부른 궁전 장미

길이 아닌 곳에 심겨 있는 잔디 위엔 여러 사람이 여유로운 오후 시간을 즐기고 있었다. 아이와 산책 나와 도시락을 먹는 사람, 누워서 일광욕하는 사람, 나무 그늘에 앉아 책을 읽는 사람 등 각자 행복한 시간을 보내

쇤부른 궁전 전망

는 모습이 여유롭게 느껴졌다. 우리도 그들처럼 여유를 느껴보고자 잔디에 스카프를 깔고 앉았다. 하지만 마음은 그렇게 여유롭지 못했다. 아직 갈 길이 멀다고 느껴진 우리는 10분 정도 앉아 있다가 일어났다.

쇤부른 궁전

쇤부른역에 내려 노란 건물 벽을 따라 걷다 보니 궁전에 금방 도착했다. 궁전 내부를 보려다 줄이 길어 정원만 보기로 하고 뒤로 빠졌다.

정원은 정말 넓었다. 마침 우리가 갔을 때가 5월 말이어서 정원엔 꽃이 예쁘게 피어있었다. 단정하고 아름답게 꾸며진 정원을 따라 걸어 다니며 구경했다. 궁전 바로 옆길에는 빨갛게 피어있는 장미 터널이 있었다. 파란 하늘과 노란 궁전, 빨간 장미와 초록 잎은 서로의 색채를 뽐내듯 아름다움을 내뿜고 있었다.

해가 점점 뜨거워져서 우리는 그늘로 자리를 옮겼다. 사람 키의 5배는 되어 보였는데 일렬로 쭉 서 있는 나무들 옆에 생긴 그늘에는 관광객들이 더위를 피해 쉬고 있었다.

정원이 워낙에 넓어서 옆에 괜찮아 보이는 곳으로 걷다 보면 길을 잃기 십상이었다. 하지만 앞만 보고 걸어가는 것보단 옆길로 새보는 것 또한 즐거운 여행 중 하나이지 않을까. 엄마와 나는 한참을 안쪽 정원에서 길을 헤맸다. 직선으로 간다면 15분 정도 걸릴 거리를 한 시간이 걸려서 도착했다.

그렇게 도착한 언덕 위에서 정원과 궁전을 내려다보니 뿌듯했다. 넓은 호수 건너로 보이는 노란 건물이었다. 그 뒤로 쭉 펼쳐진 빈의 풍경. 생각보다 멀어서 잘 보이지는 않았지만, 중간중간 나무가 있어서 도시가 더욱 아름답게 보였다.

Chap. 7

이탈리아

통화 유로 €
(1유로 : 약 1,300원대)

전압 220V

언어 이탈리아어

알아두면 좋은 점

▶팁

- 숙박은 일반적으로 팁을 받지 않는다. 식당이나 카페의 경우, 계산서 확인을 해보자. 'servizio incluso'라고 쓰여 있는 경우가 일반적이다. 만약 쓰여 있지 않다면 10% 정도 테이블에 두면 된다. 이탈리아는 자릿세 문화가 발달해 있다. 'coperto'가 자릿세란 뜻이다. 자릿세나 서비스의 항목이 계산서에 있다면 따로 팁을 또 내지 않아도 된다.

▶에티켓

- 사람을 향해 귀를 만지지 말자. 심한 욕의 의미가 담겨있다.
- 손가락을 턱에 붙였다 떼었다 하는 것은 귀찮다는 의미이다.
- 엄지, 중지, 약지를 접은 일명 로큰롤의 손동작은 '당신의 아내는 외도한다'라는 의미가 있다고 하니 주의해야 한다.
- 살 물건은 미리 정해놓자. 아이쇼핑을 좋아하지 않는다. 일단 거리의 작은 상점에 들어가면 작은 물건이라도 사야 한다.
- 악수할 때 반대편 손을 바지 주머니에 넣는 것은 큰 실례다.

- 식사할 때는 팔을 식탁 아래에 두거나, 팔꿈치를 식탁 위에 올려두지 말자.
- 식탁 위에 놓인 양념통(오일, 소금, 후추 등)을 옆 사람에게 집어달라고 하지 않는다. 양념 소스 통을 다른 사람에게 건네받으면 좋지 않은 일이 생긴다고 믿기 때문.
- 성당 안에서 음식을 먹으면 안 되고, 물병을 들고 와서 물을 마셔도 안 된다.
- 젤라토를 제외하곤 걸어 다니면서 음식을 먹지 않는다. 어딘가 앉아서 먹도록 하자.

▶ 성당을 방문했을 때 신체 부위가 많이 노출된 복장을 한 경우 입장이 거부될 수 있다. 특히 바티칸은 민소매, 반바지, 미니스커트, 슬리퍼를 착용하면 들어갈 수 없다.

▶ 대부분의 상점에서 신용카드 사용이 가능하지만, 택시나 작은 상점에서는 카드 결제가 불가능한 곳이 많다. 어느 정도의 현금을 가지고 다니는 것이 좋다.

기본 회화

- 안녕 Ciao(차오) *이미 알고 있는 친한 사이에 사용
- 안녕하세요(아침) Bun giorno(본 조르노) / (저녁) Buona sera(보나 세라)

- 안녕히 계세요 Arrivederci(아리베데르치)
- 좋은 하루 되세요 Buona giornata(보나 지오르나따)
- 네 Si(씨) / 아니오 No(노)
- 고맙습니다 Grazie(그라찌에)
- 괜찮습니다 No Grazie(노 그라찌에)
- 천만에요 Prego(쁘레고)
- 없어요 Non ce(논 체)
- 미안합니다 Mi Scusi(미 스꾸지)
- 실례합니다 Per messo(뻬르 메쏘)
- 부탁합니다 Per favore(뻬르 빠보레)
- 도와주세요 Aiuto(아이우또)
- 메뉴판 주세요 Vorrei il menu, per favore(보레이 일 메누, 뻬르 파보레)
- 계산서 주세요 il conto per favore(일 꼰또, 뻬르 파보레)
- 덜 짜게 Poco sale(포코 살레), Meno sale(메노 살레)
- 맛있어요 Volio buono(볼료 부오노)
- 뜨거운 것 Caldo(깔도) / 차가운 것 Freddo(프레또)
- 이거 얼마예요? Quanto costa?(콴토 코스타?)

숫자

1 uno(우노) / 2 due(두에) / 3 tre(트레) / 4 quattro(꽈트로) / 5 cinque(친퀘)
6 sei(세이) / 7 sette(셋떼) / 8 otto(옷또) / 9 nove(노베) / 10 dieci(디에체)

요일

월요일 Lunedi(루네디)
화요일 Martedi(마르떼디)
수요일 Mercoledi(메르꼴레디)

목요일 Giovedi(죠베디)

금요일 Venerdi(베네르디)

토요일 Sabato(사바또)

일요일 Domenica(도메니까)

식재료

새우 ganbero(감베로)

마늘 aglio(알리오)

토마토 pomodoro(포모도로)

조개 vongole(봉골레)

버섯 funghi(풍기)

01 보석 같은 물의 도시 / 베네치아

누가 내 머리에 똥 쌌어?

베네치아역에서 나와 수많은 인파와 함께 마을 안쪽으로 이동했다. 숙소로 가야 하는데 주소가 잘못 나온 건지 건물 번지수와 주소가 달랐다. 숙소에 메시지를 보내는데 무언가 내 머리 위로 철퍼덕 떨어졌다.

새똥이었다.

그 건물 난간에 서 있던 비둘기가 나에게 똥을 쌌다. 안 그래도 숙소 못 찾아서 길 헤매던 중인데 새똥까지 맞으니, 기분이 확 상했다.

“유럽에선 새똥 맞으면 운이 좋은 거래.”

“그런 것 치곤 너무 웃는 거 아니에요?”

날 위로해주려고 한 엄마의 말인지, 실제로 그런 말이 있는지는 모르겠다. 휴지가 없어 엄마의 안경 닦이로 머리를 닦고 있는데도 엄마는 웃음을 참지 못했다. 마침 숙소 주인에게 새 주소를 받아 체크인한 후 바로 머리를 감았다. 살다 살다 새똥을 맞다니.

“이렇게 또 하나의 에피소드를 만들어 가는 거지, 뭐.”

“맞아. 똥 맞기가 쉽지는 않지.”

끝까지 놀리던 엄마였다.

베네치아 돌아다니기

베네치아는 이탈리아가 아니어도 많이 들어봤다. ‘~의 베네치아’라며 물길이 닿는 도시는 거의 다 베네치아라는 별명을 갖고 있었다. 그 별명의 원조 베네치아는 역시 어딜 가나 물이 있었다. 골목이 정말 많고, 상점들은 오밀조밀 모여 있었다.

리알토 다리

저 멀리 하얀 다리가 보였다. 리알토 다리란다. 그 위에는 정말 많은 사람이 서 있었다. 저러다 안 무너질까. 다리에서 보는 풍경은 어떻길래 저렇게 사람이 많은 건지 궁금해서 다리 위로 올라가 봤다. 꽤 넓은 강과 많은 여객선 터미널, 그리고 강을 유유히 지나는 배들. 이곳은 약간은 부산스럽지만, 베네치아가 물의 도시임을 확실히 보여주는 곳이었다.

산마르코 광장

도시 중간에 있는 작은 다리와 좁은 골목을 걷다 보니 시계탑이 나왔다. 폭이 좁은 탓에 햇빛이 잘 들어오지 않았던 그 골목길에서 시계탑을 넘어가는 순간 눈 부신 햇살과 함께 넓은 광장이 나왔다. 우리가 찾던 산마르코 광장이었다. 광장을 둘러싼 하얗고 길게 쭉 뻗은 건물들. 멀리서 보고 수많은 창문에 놀랐고, 가까이에서 보니 다 조각되어 있던 것에 또 한 번 놀랐다. 광장엔 수많은 비둘기와 갈매기가 날아다니고, 여러 나라에서 온 단체관광객부터 자유여행 온 많은 관광객까지 모여 있었다.

광장에 또 하나 아주 높은 탑이 있었다. 산마르코의 종탑이라 하는데, 거의 100m에 가까운 높이였다. 우뚝 솟아 있는 종탑 맨 꼭대기엔 황금색의 작은 무언가가 반짝이고 있었다. 대천사 가브리엘을 본떠 만든 것이라고 한다. 이 종탑 위를 올라가면 베네치아가 한눈에 보이는 전망대가 있다.

산마르코 대성당

종탑 뒤에 보이는 아름다운 성당, 바로 산마르코 대성당이었다. 화려하고 웅장하며 섬세했다. 특히 성당의 지붕 쪽에 있는 조각들은 정말 아름다웠다. 또한 여러 개의 금으로 그린 그림들이 있었는데 그 알록달록하고 화려한 색채가 하얀 성당에 더 화려함을 얹는 느낌이었다. 약 1,100년 전 이곳이 불탔을 때, 당시 잘 나가던 베네치아가 세계 각지로부터 기둥, 조각상, 모자이크 등을 수집해왔고, 이것들을 한데 모아 만든 성당이라고 했다. 그래서 그런지 성당을 보면 독특한 구조들이 다양한 매력을 뽐내고 있었다.

처음으로 엉엉 운 날

베네치아를 2박으로 잡은 이유는 부라노섬에 가기 위함이었다. 아침부터 뭉그적거렸던 엄마에게 선착장에서 기다리라 하고 왕복 승차권 두 장을 구매했다. 표를 들고 돌아가는데 엄마가 별로 가고 싶지 않은 눈치였다. 들떠있던 나는 엄마의 표정을 보고도 조금 무시했다. 드디어 배가 왔고, 줄 서 있는 많은 사람이 배를 타러 들어가고 있었다. 계속 뭉그적

산마르코 대성당

거리는 엄마가 결국 입을 열었다.

"엄마는 별로 안 가고 싶은데…. 혼자라도 다녀올래?"

"네? 여기까지 왔는데?"

"저 배 봐. 빼곡하게 사람 잔뜩 태우고 있는데 40분이나 가야 하잖아. 구명조끼도 안 입고 너무 위험해 보여. 정 가고 싶으면 너 혼자라도 다녀와. 엄마 여기 혼자 둘러보게."

"혼자 가면 무슨 의미가 있어."

엄마가 물을 무서워한다는 걸 알고 있었지만, 내가 가고 싶은 마음이 더 커서 엄마를 끌고 가려고 했다.

"안 갈 거면 표 사기 전에 미리 말씀해주시지. 돈 아깝잖아."

괜히 짜증이 나서 엄마에게 한소리를 더했다. 엄마의 입장도 충분히 이해는 가지만 그래도 정말 가고 싶었던 곳 중 하나였는데 못 가게 되니 정말 속상했다.

그렇게 숙소에 들어가서 마음을 다독이자 시간이 좀 지나니 울적한 기분도 누그러지기 시작했다. 기분이 안 좋은 채로 계속 여행을 다녀봐야 좋을 게 없었다. 엄마가 계속 내 눈치를 보게 할 순 없었다. 옆에서 내 기분을 살피는 엄마에게 내가 먼저 다가가야 했다.

"그럼 나가서 젤라토나 먹을래요."

내가 먼저 엄마에게 화해의 의미 겸 말 한마디 툭 던졌는데 엄마는 몹시 반겼다. 얼른 다시 나가서 시내 구경하자며 신난 엄마를 데리고 어제 갔던 젤라토 가게에 다시 갔다. 달콤하고 시원한 아이스크림을 먹으니 금방 기분이 좋아졌다. 내가 이렇게 단순한가 싶으면서도 단순해서 다행이라고 생각했다. 함께 여행할 땐 단순한 게 좋은 것 같다.

함께 여행을 다니다 보면 예상치 못한 일이 생기거나 언짢은 일이 생길 수 있다. 이럴 땐 솔직하게 속마음을 이야기하고 풀어야 한다. 갈등이 생기더라도 더 크게 키우지 않고 바로 해결할 수 있는 자세도 꼭 필요하다.

화해의 젤라토

다시 베네치아

엄마는 곤돌라라도 타자고 하셨다. 속으론 배나 곤돌라나 거기서 거기 아닌가 했지만, 곤돌라는 강을 건너니 바다보단 괜찮겠다 싶었다.

곤돌라를 타고 베네치아의 시내를 돌아다녔다. 좀 근사하게 생긴 건물들이나 동상 같은 것 앞에서 영어로 설명을 해주었다. 대충 몇 문장 알아듣고 엄마에게 설명하는 식으로 베네치아의 골목골목을 배를 타고 돌아다녔다.

좁은 물길 위에 곤돌라가 다녔다. 빨래를 걸어둔 곳, 뒤쪽 창문에 달아둔 장식 등 걸어서는 볼 수 없는 건물들의 뒷면도 볼 수 있었다. 큰 강으로 나오니 리알토 다리가 보였다. 여전히 다리 위엔 많은 사람이 서 있었다. 우리가 그랬듯 사람들은 곤돌라를 타고 다니는 사람 사진을 연신 찍어댔다. 그렇게 약 30분의 곤돌라 여행을 마치고 일어났다. 배를 타고 다녀서 그런지 몸이 무거웠다.

나중에 엄마에게 이야기를 들었는데, 곤돌라로 골목만 돌아다닐 줄 알았던 엄마는 리알토 다리가 보이는 큰 강으로 넘어갔을 때부터 무서웠다고 했다. 하지만 내가 즐거워하는 모습을 보고 무서움을 참았다고 했다. 딸을 위해 맞춰주려고 노력했던 엄마의 사정을 뒤늦게 알게 되었다. 옛 추억 이야기하듯 가볍게 말을 했지만 엄마가 나를 배려하고 위했다는 생각에 감사했다. 역시 엄마는 엄마였다.

베네치아의 저녁

저녁노을에 리알토 다리를 보려고 서둘러 걸어갔다. 많은 사람이 리알토 다리로 가고 있었다. 다리 위에선 조금이라도 풍경을 서서 보려고 하면 사진 찍게 비키라고 하고, 사방이 사진을 찍는 사람들이 가득해서

곤돌라를 타고

리알토 다리 노을

정신이 없었다. 해가 지고 붉게 물드는 강과 하나둘씩 밝게 켜지는 상점들의 조명, 유유히 떠다니는 작은 배들. 충분히 분위기 있고 아름다운 광경이었지만 다리 위는 전쟁통이었다. 사람에 질려버린 우리는 사진만 대충 몇 장 찍고 해가 지는 곳을 따라 베네치아의 북서쪽 끝으로 걸어갔다.

도착한 곳엔 섬의 끝에 앉아서 노을을 보는 사람들이 있었다. 모두 바닷물이 잔잔하게 흔들리는 모습만 바라보고 있었다. 안쪽으로 들어가니 사람들이 삼삼오오 모여 노을을 보며 조용히 수다를 떨고 있었다.

"나는 이런 조용한 곳에서 노을 보며 가만히 있는 게 좋아요."

노을 보는 사람들

"그러게, 참 평화롭네. 엄마는 옛날 베네치아에 왔을 때 오전에 왔다가 오후에 떠났었는데. 처음 보는 베네치아의 밤이 정말 아름답구나."

밤의 베네치아는 낮과는 또 다른 분위기를 선사했다. 어두컴컴한 골목길에 가로등과 식당, 테라스만이 불을 켜 골목을 밝히고 있었다. 어두운 강물에 밝은 불빛들이 반사되어 반짝거리고 있었다.

낮에는 많은 사람과 더운 날씨로 금방 지쳐 얼른 떠나고 싶었는데, 밤만 되면 떠나기 싫게 만드는 매력을 가진 베네치아. 분위기에 취해, 이 마을의 모든 것이 사랑스러웠다.

02 예술의 고향 살짝 맛만 보기 / 피렌체

코인락커를 찾아서

베네치아 다음으로 숙소를 잡은 곳은 아시시였다. 피렌체에 잠깐 들렀다가 아시시로 가는 계획을 세웠던 우리에게 피렌체에서 주어진 시간은 약 4시간 정도였다. 코인락커에 짐을 맡기고 후딱 둘러보고 올 생각이었지만, 기차역 주변에는 무인 코인락커는 없고 유인 코인락커에는 많은 사람이 줄을 서고 있었다. 어쩔 수 없이 도시 안으로 걸어가 코인락커를 찾았다. 어디를 가나 사람들이 많았고, 우리는 밖에서 기다리고 있었다.

"저 맞은편 슈퍼에 가서 짐 좀 맡아줄 수 있냐고 물어봐."

"에이, 슈퍼에서 짐을 맡아주겠어요?"

"그래도 가서 한번 물어봐."

엄마와 슈퍼를 바라보며 이야기하는 도중에 슈퍼 아저씨가 우리 보고 오라는 손짓을 했다.

'저 멀리까지 우리 이야기가 들렸나? 무슨 일이지?'

아저씨는 종이 한 장을 주면서 다른 코인락커 위치를 알려주었다. 갑자기 어디선가 이런 용기가 나왔는지 모르겠는데 밑져야 본전이라는 생각이 들었다.

"혹시 여기에 짐을 맡길 수 있을까요?"

고민하시던 아저씨가 한마디 하셨다.

"Where are you from?"

"From South Korea."

"안녕하십니까~."

엄마와 나는 눈이 휘둥그레졌다. 혹시나 하고 물어본 질문에 한국말을 하며 짐을 가지고 오라고 했다. 갑작스러운 호의에 당황스러웠지만 참 고마웠다. 오랫동안 보관해달라 하면 부담스러울 것 같아서 2시간 후에 찾으러 오겠다고 했다. 엄마는 마음이 편해졌다고, 정말 친절한 사람이라고 좋아했다. 근심병인지 처음엔 좋았는데, 혹시 이러다가 캐리어를 훔쳐 가면 어쩌지 걱정이 되었다. 캐리어를 안 잠그고 있어서 괜히 불안했다. 낯선 나라에서 호의를 베풀면 항상 경계해야 한다고 자주 들었기 때문이다. 그렇게 2시간의 짧은 시간 동안 피렌체 여정을 시작했다.

피렌체 겉핥기

산타마리아 델 피오레 대성당(피렌체 대성당)

첫 번째로 간 곳은 이미 코인락커를 찾다가 지나쳤던 피렌체 대성당이었다. 카메라에 다 담기지 않는 웅장함과 섬세하고 조형적으로 아름다움이 함께 있는 성당. 분홍색과 초록색, 흰색으로 어떻게 이렇게 조화롭고 아름답게 만들 수 있을까. 사진으로 봤을 땐 이런 느낌이 아니라 크게 기

피렌체 대성당

대하지 않았는데 실제로 봤을 땐 기대 이상이었다. 성당의 벽도 화려하고 멋있지만 둥근 돔 모양 또한 눈에 확 띄었다. 경이로울 지경이었다.

미켈란젤로 전망대에서 본 피렌체

성당 바로 옆에 있는 조토의 종탑에 올라가면 피렌체를 볼 수 있는 전망대와 성당의 돔도 볼 수 있다고 했다. 하지만 줄이 워낙 길었고 우리에게 주어진 시간은 얼마 없었기 때문에 포기했다.

미켈란젤로 광장

미켈란젤로 광장은 지대가 높은 곳에 있다 보니 가는 길에 오르막길이 있었다. 마음이 급한 우리는 힘들지만, 차근차근 올라갔다. 드디어 도착한 광장. 이 광장에는 다비드상 복제품이 있었다.

파란 하늘 아래 붉은 지붕들, 밑에 있는 나무들과 함께 사진을 찍으니 색감이 참 예뻤다. 탁 트인 피렌체의 모습, 특히 피렌체 대성당과 조토의 종탑이 우뚝 솟아 시내의 중심을 잡고 있었다. 생각보다 돔은 더 컸다. 이곳은 해질 때 와야 정말 예쁘다고 했는데, 낮에 와도 예뻤다.

이 아름다운 풍경을 두고도 내 머릿속을 떠나지 않는 하나가 있으니, 바로 우리의 캐리어였다. '만약'이라는 가정을 계속 생각할수록 머릿속이 복잡해졌다. 이럴 때일수록 왜 이리 상상력이 풍부해지는지 모르겠다. 엄마가 내 표정을 읽고 괜찮을 거라고 하셨지만, 내 머릿속엔 첫 번째로 캐리어의 안녕, 두 번째로 2시간 안에 가겠다는 약속을 지켜야 한다는 압박감, 둘 뿐이었다. 아름다운 풍경을 두고도 집중이 안 된 나는 슬슬 내려가자고 했다. 약 15분 정도 구경한 후였다. 엄마가 아쉬워했지만 어쩔 수 없었다. 이미 내 마음속에는 피렌체를 담을 여유 공간은 없었다.

베키오 다리

슈퍼로 돌아가는 길에 베키오 다리를 건너 보자고 했다. 가운데 뚫린 곳 빼고는 일반 상점 골목과 별다른 것이 없었다. 보석상과 기념품 가게가 즐비한 이곳은 사람들이 많이 다녔다. 돈도 시간도 없는 나는 구경할 여유도 없이 빠르게 다리를 건너 슈퍼로 향했다.

다시 찾은 슈퍼엔 우리의 캐리어가 그대로 있었다. 마음이 놓인 나는 그제야 미소를 되찾았다. 슈퍼 아저씨에게 다시 한번 더 감사하다고 인사한 후, 다음 일정으로 가기 전 기차에서 먹을 간식거리를 샀다.

"감사합니다."

슈퍼 아저씨는 우리에게 마지막까지 한국어로 인사해 주었다. 호의를 베푼 사람에게 괜히 의심해서 미안하기도 했다.

과한 걱정으로 피렌체를 너무 대충 훑어본 게 아닌가 싶었다. 특히 이탈리아를 세 번째 방문한 엄마가 처음으로 와 본 피렌체를 겉핥기 수준도 아닌 멀리서 힐끗 보기여서 엄마가 많이 아쉬워했다.

베키오 다리

아쉬운 대로 피렌체에 왔으니 티본스테이크라도 먹어야지, 하고 식당을 찾아갔다. 입구에서부터 "안녕하세요~" 하며 맞이해주는 직원들. 한국인들이 많이 오긴 하는가 보다. 자리에 앉아서도 메뉴판을 주며 아는 한국어를 열심히 얘기하는 직원. 매우 친절해서 기분이 좋았으나 시도 때도 없이 한국어를 하며 기대하는 눈빛이 나중엔 살짝 부담스러웠다. 그래도 웃으며 스테이크를 먹었다. 오래간만에 든든하게 먹었더니 기운이 났다. 아쉬움이 많이 남았던 피렌체. 언젠가 또 이탈리아를 오게 된다면, 피렌체에서는 무조건 2박은 해야지! 생각하며 기차역으로 돌아갔다.

03 시간이 멈춘 듯한 중세 마을 / 아시시

결국 무지개는 뜨니까

피렌체에서 아시시까지 가는 완행열차. 천천히 가는 기차 밖을 보며 다음 장소에 대한 기대감에 부풀었다. 하지만 그 기대감에 바로 찬물을 끼얹는 하늘. 점점 어두워지다가 내릴 때쯤 되니 앞이 보이지 않을 정도로 비가 억세게 내렸다. 비가 온다는 예보가 없었는데, 이런 변덕스러운 날씨는 적응이 어려웠다.

작은 기차역에 내려서 마을로 들어가는 버스를 한참 기다렸다. 천둥 번개가 칠 때마다 마음이 심란해졌다. 어찌어찌 마을 안으로 들어와 작은 우산을 쓰고 오르막길을 한참 올라 숙소에 도착했다. 밖의 날씨와는 다르게 따뜻하게 맞이해주는 숙소 주인 덕에 마음이 조금 누그러졌다.

창밖을 멍하니 바라보았다. 제발 비가 그쳤으면 좋겠다.

30분 정도 지났을까, 점점 빗소리가 잦아들었다. 핸드폰만 보는 나에

무지개가 뜬 아시시

밤에 만난 아시시 가게

게 엄마가 창밖을 보며 불렀다.

"저기 봐. 무지개가 떴어!"

헐레벌떡 창문으로 보니 회색 구름 속에 무지개가 떠 있었다. 그것도

코무네 광장

쌍무지개가!

무지개를 보러 숙소 밖으로 나왔다. 10분 정도 떠 있던 무지개는 우리의 마음을 위로해주고 사라졌다. 방금까지 비가 왔던 터라 마을 전체가 젖어 있었다. 축축했지만 습하지 않아 공기가 맑고 상쾌했다. 언제 그랬냐는 듯 느지막한 노을 햇살이 마을을 비추기 시작했다.

로카 마조레

노을을 보기 위해 전망이 탁 트였다는 언덕으로 갔다. 아시시가 한눈에 보인다는 중세 요새. 이 마을에 어울리는 속도로 천천히 올라갔다.

예스러운 아시시

고요한 분위기 속에서 떠들면 안 될 것 같아 속삭이며 주변을 바라봤다. 해 질 녘 아시시의 풍경은 보기만 해도 마음이 차분하게 가라앉았다.

내려오면서 마을 구석구석을 천천히 둘러보았다. 어두움이 내려오는 마을 곳곳에 불을 밝히니 오래된 석조건물들이 돋보였다. 보존이 잘 되어 있어서 중세 시대에 시간이 멈춘 것 같았다. 카페며 길거리 상점이며, 하물며 문과 길의 통로마저도 예스러움이 묻어났다.

코무네 광장

마을 중심가로 내려가니 분수대가 나왔다. 코무네 광장이라고 했다.

아시시 마을

저녁이라 그런지 광장인데도 사람들이 많지 않았다. 마을 전체가 조용하고 차분했다. 밤의 아시시는 아늑하고 마음이 잔잔해지는 마을이었다. 마음에 큰 울림을 주는 이곳이 참 사랑스러웠다.

수도원 마을

아침에 구경한 아시시는 전날 밤과는 분위기가 달랐다. 조용하기만 할 줄 알았는데 생각보다 관광객들이 많았다. 일부러 사람들이 덜 오는 골목길 위주로 돌아다녔다. 돌담과 돌계단, 세월의 흔적을 안은 집들과 정원들이 있었다. 삭막해 보일 수 있는 석조 건물에 작고 알록달록한 꽃들을 갖다 두니 아기자기하고 예뻤다. 꽃이 피는 계절에 가서 조금 더 생기가 있는 마을을 만난 게 아닐까 싶었다.

수도원 마을이라 그런지 성당과 교회들이 많았다. 묘하게 비슷하게 생긴 교회와 성당. 처음엔 볼 때마다 사진을 많이 찍었는데, 나중에는 슬쩍 보고 지나갔다. 관광객들도 주로 산 루피노 대성당, 산타 키아라 성당 그리고 성 프란치스코 성당 근처가 제일 많았다. 우리가 갔을 때는 성 프란치스코 성당이 공사 중이어서 들어갈 수가 없었다. 가 보고 싶었는데 아쉬운 대로 옆에 난 길에서 성당의 옆 모습만 사진에 담아본다.

04 과거와 현재의 다리 / 로마

로마 시내 돌아다니기

판테온

입구부터 그리스 신전을 연상케 하는 아주 크고 높은 돌기둥들. 그 옛날에 어떻게 이런 건축물을 만들 수 있었는지, 참 대단하다는 생각이 들었다. 고대 로마 건축 원형이 그대로 남은 몇 안 되는 건축물이라는데 이렇게 보존하다니 대단했다. 궁금한 것 중 하나는 '천장에 뚫린 구멍이 9m나 된다는데, 비가 오거나 하면 어떻게 하려고 저렇게 지었을까'였다. 폭우가 내릴 땐 비가 수직으로 내려 바닥의 하수시설이 있어 괜찮고, 가벼운 비는 판테온 내부의 공기와 열기가 막아줘서 비가 들어오지 않는다고 한다.

로마 골목

산티냐시오 성당

판테온과 얼마 떨어지지 않은 곳에 있는 성당. 입장료가 무료길래 들어가 봤다. 기대하지 않았는데 아름답고 화려한 천장화가 일품이었다.

산티냐시오 성당

원근법으로 그려놔서 천장이 하늘처럼 높아 보였다. 고개를 들어 한참 바라봤다. 이 성당에는 입구에 천장화를 잘 보라고 거울을 갖다 두었다. 이런 작은 배려가 관광객 입장에선 고마웠다. 그림뿐만 아니라 성당 전체가 아름답고 섬세했다. 창문으로 강한 빛이 들어와 성당을 비추는데 경건한 마음도 함께 들었다. 예상치 못한 아름다운 성당의 등장으로 이곳에서 한참이나 시간을 보내고 나왔다.

트레비 분수

로마에서 정말 유명한 곳 중 하나였다. 근처에서부터 시끌벅적한 소

트레비 분수

리가 들렸다. 엄청난 인파에 엄마와 나는 가방을 야무지게 잡고 분수대 쪽으로 걸어갔다. 멋진 건물과 조각상이 함께 있는 분수대. 물 색깔이 참 예뻤다. 맑은 에메랄드빛이었다. 하지만 오래 구경할 곳은 아니었다. 사진을 찍으려는 사람들, 찍어달라는 사람들, 사진 찍게 비켜달라는 사람들…. 가까이서는 구경도 못 할 것 같아 뒤로 빠져서 구경했다.

분수에 동전을 던지는 사람들도 많았다.

“옛날에 로마에 왔을 때 동전을 던져 이곳에 또 오게 되었나 보다.”

트레비 분수에 동전을 한 번 던지면 로마에 다시 온다는 이야기가 괜히 더 로맨틱하게 들렸다.

발 닿는 곳마다 유적지, 로마

스페인 광장

영화 〈로마의 휴일〉에 나와 유명해졌다는 이 광장. 그 영화를 본 적은 없지만, 오드리 헵번이 앉아 아이스크림을 먹는 장면은 알고 있었다. 처음 들었을 때는 왜 이탈리아에 있는데 스페인 광장이라고 했을까, 궁금했다. 17세기에 교황청 스페인 대사가 그 광장에 본부를 두면서 이름을 짓게 됐다고 한다.

이곳 또한 트레비 분수 못지않게 많은 사람이 있었다. 계단에 다 앉아 있고, 계단 앞 분수대에도 빙 둘러앉아 있었다. 만약 영화에 나오지 않았다면 지금처럼 사람이 많을까? 촬영지라는 것 하나로 평범한 곳에서 관광지가 되는 것을 많이 봤기 때문이다. 하지만 계단과 뒤에 있는 하얀 건물. 그 자체로도 예뻤다. 원래 예부터 광장 같은 곳엔 사람들이 항상 모였는데 이곳도 그랬겠지.

그 앞에는 배 모양의 분수가 있었다. 이곳 물 또한 트레비 분수의 물처럼 맑은 에메랄드빛이었다. 석회질이 많이 녹아 있으면 이런 물빛을 띤다고 했다. 수질이 어떻든 보기에 이쁘면 그만인 듯하다.

사람이 많은 곳에 가면 항상 소매치기를 조심해야 한다는 이야기를 많이 들었던 터라 트레비 분수나 스페인 광장처럼 많은 사람이 모여 있는 곳에서 빨리 자리를 뜨고 싶었다.

걸어서도 둘러볼 수 있는 로마 시내. 도시 전체가 유적지이며 관광지였다. 워낙 역사가 깊은 도시라 하나하나 공부해서 아무것도 모른 채 가볍게 둘러보면 안 될 것 같다. 하지만 그 자리에서 공부할 수는 없기에 이번엔 가볍게 둘러보고 다음에 기회가 된다면 공부해서 오기로 마음을 먹었다. 그러곤 다음에 올 때도 가벼운 마음으로 둘러보겠지.

05 가장 작은 나라 / 바티칸

로마에서 대중교통으로 약 30분 떨어진 나라, 바티칸 시국. 세계에서 가장 작은 나라라고도 알려진 이곳은 로마에 왔다면 꼭 들려야 하는 곳 중 하나였다. 남들에 의해 움직이는 것을 싫어하는 엄마와 나는 여태 가이드를 하나도 신청하지 않았지만 이번 바티칸 투어만큼은 신청했다.

"엄마가 시스티나 성당 그림을 보려고 바티칸을 두 번이나 갔었는데, 둘 다 길을 못 찾아서 중간에 나가게 되는 바람에 못 봤지 뭐야."

바티칸 이야기가 나오면 항상 하는 엄마의 아쉬움이 가이드를 신청한 이유였다.

사람이 많이 모일 줄 알았는데 엄마와 나 포함 총 7명이었다. 어색하게 서로 인사를 나눈 후 바티칸 투어를 시작했다.

처음 들어간 곳은 피나코테카 회화관. 다양한 미술 작품이 있는 곳이었다. 라파엘로의 작품과 함께 오래 설명 들었으나 아는 그림들이 많이 없어서 대충 들었다.

이후에 조각상들이 모여 있는 곳으로 이동했다. 〈라오콘 군상〉. 라오콘과 그 아들들이 포세이돈의 저주를 받는 장면을 조각으로 담았다고 했다. 매끄럽게 조각된 대리석을 볼 때면 조각가가 참 대단하다고 생각했다. 거의 다 조각했는데 실수로 부수면 다시 조각했을까? 몸통만 있는 〈토르소〉, 그 외에 여러 조각상.

걷다 보면 벽면부터 천장까지 화려한 그림으로 뒤덮여 있었다. '지도의 방'이라는데, 벽면에 지도들이 전시되어 있어서 그렇다. 작은 그림 하나하나를 섬세하게 어떻게 그렸을까 싶었다.

사람들이 정말 많이 모여 있는 곳이 있었고, 다 같이 입장권을 들고 사진을 찍는 곳이 있었는데 바로 그 유명한 〈아테네 학당〉이다. 입장권에도 〈아테네 학당〉의 가장 가운데 부분이 인쇄되어 있는데 그 그림을

아테네 학당

맞춰서 사진을 찍는 사람들이 많았다. 우리 또한 그렇게 사진을 찍었다. 플라톤과 아리스토텔레스, 소크라테스, 피타고라스 등 이름만 들어도 다 아는 사람들이 총집합한 그림이었다. 턱을 괴고 있는 사람은 미켈란젤로의 얼굴을 보고 그린 것이라 했다. 그리고 그림 가장 오른쪽 구석에 빼꼼 보고 있는 검은 모자 사나이는 라파엘로 본인이라고 한다. 역시 아는 그림이 나와서 그런지 설명이 더 귀에 잘 들어왔다.

많은 사람 사이에서 길을 잃지 않으려고 앞만 보며 가이드를 졸졸 따라다녀 도착한 곳은 시스티나 대성당이었다. 바티칸 시국에 또 하나 유명한 그림이 바로 시스티나 천장화다. 사실 이것을 보러 바티칸에 오는 것이라 해도 과언이 아니다.

천장화가 있는 곳은 꽤 넓은데도 불구하고 수많은 사람이 천장만 보고 있었다. 사진 촬영이 금지되어 있어서 그림 하나하나를 눈에 담았다. 어떻게 천장에 그림을 그렸을까? 조각가였던 미켈란젤로가 천장화를 맡으면서 온몸이 망가졌는데 눈에 물감이 떨어져 한쪽 눈도 실명이 됐다고 한다. 여러 명도 아니고 혼자서 4년간 이 작품을 그렸다니, 정말 대단하다는 생각이 들었다.

천장에서 고개를 살짝 내리면 정면에 크게 보이는 그림이 있다. 〈최후의 심판〉. 수많은 사람이 그려져 있는 이 그림은 하늘에 사람들이 떠 있는 것으로 보인다. 하지만 파란색 하늘로 표현된 곳만 보면 해골 모양이 보였다. 또한 가운데에서 오른쪽에 살가죽만 벗겨진 사람이 있는데 미켈란젤로 본인의 초상을 그려 넣었다고 한다.

약속한 시각이 있었기 때문에 슬슬 일어나야 했다. 엄마는 아쉬워했다. 하긴 30년 전에 왔을 때 이 작품을 못 보고 지나쳤으니 얼마나 아쉬웠을까. 하지만 시간이 우리를 기다려주지는 않았고 아쉬운 채로 성당 밖으로 나가 약속 장소에 모였다. 엄마와 내가 투어를 웬만하면 신청하지 않은 이유기도 하다. 시간이 항상 정해져 있다는 것. 원하든 원치 않든

미켈란젤로의 <피에타>

허락된 시간만큼 있어야 한다는 것. 자유여행에 방해가 되는 요소였다. 그래도 투어 덕분에 편하고 알차게 돌아다닐 수 있어서 좋았다.

성당에서 나와 옆에 있는 성 베드로 대성전으로 들어갔다. 이곳에 온

이유는 미켈란젤로의 〈피에타〉가 남아 있었기 때문이다. 유리 안에 있었기 때문에 잘 보이진 않았지만 보자마자 경건해지는 기분이 절로 들었다. 보는 위치와 각도에 따라 다르게 보인다는 〈피에타〉. 무거운 돌로 만들었기 때문에 무게 중심을 잘 잡으려면 성모마리아의 옷감을 더 크게 만들어야 했다. 그래서 정면에서 보면 성모마리아가 주인공 같았다. 예수의 몸은 왜소하고 팔만 축 늘어뜨린 모습인데, 심지어 얼굴은 보이지도 않았기 때문이었다. 하지만 위에서 바라보면 미켈란젤로의 의도를 알 수 있다. 위에서 보면 예수의 몸의 비율뿐만 아니라 얼굴 묘사 등이 잘 되어 있다. 신의 관점으로 내려다보아야 하는 것, 미켈란젤로는 신에게 바치는 것이니 인간의 시선으로 평가하지 말라고 했다. 〈피에타〉의 정면과 윗면을 보면 그 의미를 알 수 있을 것 같았다. 물론 위에서 본 모습은 인터넷에 나와 있는 사진으로만 볼 수 있었다.

투어를 별로 좋아하지 않는 우리지만, 이번 바티칸 투어는 참 알차고 괜찮았다고 생각했다. 알고 보는 것과 모르고 보는 것은 정말 하늘과 땅 차이이기 때문이다. 물론 메모를 하지 않아 기억이 많이 나진 않았다. 생각보다 내 기억력은 믿을 게 못 되었다. 많은 인파 사이에서 길을 잃지 않고 또 줄을 서지 않고 금방 들어가서 보는 것만으로도 충분히 값어치가 있다는 생각이 들었다.

06 느림의 미학 / 오르비에토, 치비타 디 반뇨레조

점점 사라지는 천공의 성, 치비타 디 반뇨레조

로마 근교 마을 오르비에토. 그 마을 안쪽에 '치비타 디 반뇨레조'라는 곳이 나온다.

오르비에토까지는 기차를 타고 1시간 정도 걸렸다. 치비타행 버스를 기다리기엔 배차 간격이 너무 멀어 택시를 탔다. 산을 타고 구불거리는 길을 20분간 달려 도착했다.

저 멀리 보이는 치비타섬. 사실 섬은 아니고 하나의 마을인데, 산사태와 지진 등으로 땅이 깎여나가서 얼핏 봤을 때 섬으로 보여 그런 별명이 붙었다고 한다. 지반이 약해 지금도 조금씩 깎여나가고 있어 나중엔 마을 자체가 없어질 것이라고 한다. 그래서 이곳에 살던 사람들은 하나둘 떠나고, 지금은 적은 수의 사람들만 모여 산다고 한다.

치비타섬을 둘러싸고 있는 산들, 그 사이에 은은하게 낀 안개는 이 섬

치비타섬

에 더 그럴싸한 분위기를 만들어주고 있었다. 〈천공의 성, 라퓨타〉의 모티브가 된 장소라고 했다. 비가 오는 날, 주변 산과 마을 아래 산마저 안개와 빗속으로 숨어버린다면 떠 있는 섬으로 보일 것 같았다.

안으로 들어가려면 길고 높은 다리를 건너가야 했다. 예전에는 마을로 들어가는 다리가 5개였다는데, 지금은 하나 빼고 다 없어졌다고 한다.

높은 다리를 한참 올라가서 도착한 마을은 정말 한가하고 조용했다. 시간이 꼭 멈춘 듯했다. 지반이 약한 땅 위에 세워진 마을, 지금도 조금씩 깎여나가고 있다는 마을, 사라짐이라는 것이 정해져 있는 곳은 처음이라 돌아다니는 내내 어딘가 마음이 쓰였다.

사람들이 사는지, 살지 않는지도 모르는 집들. 대부분이 빈집인 것 같았다. 하지만 그런 것 치고는 마을이 참 예쁘게 잘 꾸며져 있었다. 여름에 가서 그런지 여기저기 꽃으로 예쁘게 꾸며둔 곳이 많았다. 계단 따라 심어둔 진분홍의 꽃 화분들. 오로지 식물들과 저벅저벅 걸어 다니는 관광객들, 그리고 마을을 돌아다니는 고양이들만이 이곳에 생기를 불어넣는 듯했다.

마을의 끝 쪽에서 아래를 내려다보면 주변이 산과 구릉뿐이었다. 옛날엔 꽤 잘 나갔던 큰 마을이었다고 했는데, 인간은 자연 앞에서 얼마나 작은 존재인지 다시금 깨닫게 되었다.

마을에 돌아와서 탄 오르비에토행 버스는 내가 타본 것 중 가장 별로였다. 천장은 너덜너덜하고 전선이 삐져나와 덜렁이고 있었고, 버스 가죽도 벗겨져 있었다. 의자도 얼마나 오래됐는지 놀이기구처럼 흔들거렸다. 시간이 멈춰 있는 마을 콘셉트라 버스도 옛날 버스 그대로인가 싶을 정도였다. 절벽 아래를 빙글빙글 돌아가는 버스, 옆에 탄 외국인 아주머니들은 풍경 사진을 찍느라 신이 나셨다.

"엄마, 이거 꼭 저승 가는 버스 같지 않아?"

"그런 말 하지 마."

(왼) 치비타 골목 (오) 치비타 분위기

엄마는 잔뜩 긴장하신 채 버스 앞좌석의 의자를 꽉 붙잡았다. 우스갯소리로 한 얘기였는데 엄마 생각으로는 정말 사고가 날 거 같은가 보다. 정말 빨리 달려서인지 50분 정도 걸린다고 하던 버스는 20분 만에 오르비에토역에 도착했다.

예스러움이 묻어나는 곳, 오르비에토

오르비에토 마을을 올라가기 위해 푸니쿨라를 타러 갔다. 기차역에서 나오면 바로 앞에 보였다. 오르비에토 성당까지 가는 버스도 탈 수 있어서 좋았다.

처음 버스에서 내리자마자 깜짝 놀랐다. 이런 작은 마을에 이렇게 크

오르비에토 성당

(왼) 오르비에토 골목 (오) 오르비에토 절벽

고 화려한 성당이 있는 게 신기했다. 앞면은 엄청 화려했지만, 옆면은 검은색과 흰색 줄이 번갈아 가며 줄을 그어둔 게 꼭 죄수복 같았다.

"얼굴에 너무 신경을 써서 몸통은 대충 만들었나 봐."

엄마와 우스갯소리로 수다를 떨며 성당 앞을 바라보다가 마을 안을 구경해보기로 했다. 치비타를 갔다 와서인지 오르비에토는 생각보다는 큰 마을 같았다. 소소하고 아기자기하게 꾸며둔 곳이 많았다. 벽에 꽃을 걸어둔 골목, 작은 골목 테라스에서 시간을 보내는 사람들, 가끔 유유히 걸어 다니는 고양이들.

파란 하늘 아래 노란 건물들, 중간중간 심겨 있는 초록색의 나무와 꽃은 마을 전체에 생명력을 불어넣고 있었다.

처음 이곳에 와서 바로 성당행 버스를 타느라 보지 못했던 곳을 가보기로 했다. 절벽 위에 있는 오르비에토 마을의 한 면을 볼 수 있었다. 슬로 시티라고 하지만 정말 느린 곳인지는 잘 모르겠다. 이곳에서 식당에 간다면 슬로 시티라는 것을 깨달을 수 있다고 한다.

치비타와 오르비에토 둘 다 기대했던 것 그 이상의 로마 근교 여행이었다. 조용하지만 예스러움이 그대로 남아 있는 곳. 아시시와 오르비에토, 치비타 모두 중세 시대의 모습을 담고 있었지만 조금씩 다른 느낌의 마을들이라 좋았다. 로마가 너무나 복잡하고 시끄러워서 지칠 때 근교 마을로 와서 마음을 가다듬으니 마음에 여유가 생겨 정말 좋았다.

07 기차로 이어진 무지개 해안 마을 / 친퀘테레

알록달록한 해안 마을

엄마가 가고 싶어 하셨던 친퀘테레. 이탈리아어로 5를 뜻하는 '친퀘'와 땅을 뜻하는 '테레'가 합쳐져 5개의 땅이라는 뜻이다. 이탈리아 해안가의 마을 다섯 개를 한꺼번에 부를 때 친퀘테레라고 한다.

5개 마을 이름은 리오마조레, 마나롤라, 코르닐리아, 베르나차, 몬테로소 알 마레로, 첫 마을에서 끝 마을까지 기차 타고 가는 데 15분밖에 걸리지 않는다. 워낙 마을간 거리가 가까워 이동이 편했다.

첫 번째로 리오마조레라는 곳에 갔다. 조금 기울어져 있는 기차에서 내려 도착한 곳엔 푸르고 맑은 바다와 함께 페이스트리처럼 겹겹이 쌓인 큰 바위산, 그 옆엔 알록달록한 집들이 모여 있었다. 이전까지 잔잔한 중세 시대 느낌의 집들만 보다가 갑자기 화려하고 채도 높은 집들을 보니, 심심한 음식만 먹다가 자극적인 음식을 먹는 것 같았다.

리오마조레

마나롤라

엄마가 친퀘테레에서 진짜 가고 싶어 했던 마나롤라. 리오마조레에서 약 2분 동안 기차를 타고 갔다. 전 마을보다 확실히 사람들이 훨씬 많았다. 큰길 따라, 사람들 따라 걸으면서 계속 뒤를 돌아봤다. 사진으로만 보던 곳에 점점 가까워지고 있었다.

그렇게 도착해서 본 마나롤라의 풍경은 사진으로 봤을 때는 원색에 가까웠는데 실제로 보니 파스텔 계열에 가까웠다. 알록달록한 집들이 해안 절벽에 붙어있는 것이 신기했다. 우리가 갔을 때는 해가 길었던 저녁이라 따뜻한 색감의 해를 받아 마을이 예뻤다. 보정된 사진을 보고 기대해서 그런지 엄마는 조금 실망한 듯했다. 처음에 리오마조레 말고 마나롤라를 먼저 와야 했나, 하는 생각이 들었다. 예쁜 건 마나롤라지만, 리오마조레의 색감이 더 좋았기 때문이었다. 그리고 풍경은 정말 예뻤지만, 너무 많은 사람 때문에 금방 지쳐버렸다.

마을로 내려가서 마나롤라의 안쪽을 들어가 봤다. 한쪽 면만 깔끔하게 페인트칠하고 옆면은 지저분한 채로 둔 집이 꽤 많았다. '전망대에서만 예쁘게 잘 보이면 그만'이라는 생각으로 예쁘게 치장해 둔 것 같았다.

엄마가 정말 가고 싶어 했던 곳인데 역시 기대가 크면 실망도 크다. 이번 여행을 돌아보면 엄마는 기대하지도 않고 생각지도 못했던 곳에서 더 감동했다.

08 코모 호수와 빛나는 작은 마을들 / 바렌나, 벨라지오

엄마가 가고 싶어 하던 골목길

"가고 싶은 곳이 하나 생겼는데, 갈 수 있으려나? 안 되면 말고!"

"어딘데?"

"여기, 이 골목."

여행의 일정을 거의 다 잡아놓고 숙소를 예약하던 중 엄마가 갑자기 가고 싶었던 곳을 추가했다. 이곳을 넣게 된다면 일정이 좀 촉박해질 것 같았다. 안 돼도 상관없다고 했지만 막상 안 가게 된다면 매우 아쉬워할 것 같았다. 그렇게 이탈리아의 마지막은 조금 빡빡한 일정으로 잡게 되었다.

기차 타고, 배 타고 도착한 벨라지오에는 사람들이 정말 많았다. 호숫가 마을에 예쁘게 꾸며져 있는 곳이어서 그런가 보다.

동네를 구경하기 전 엄마가 가고 싶었던 골목을 먼저 둘러보기로 했다. 담쟁이넝쿨이 있는 건물, 그 뒤엔 코모 호수와 산이 보이고, 예쁜 가

(왼) 벨라지오 그 골목 (오) 벨라지오 골목

로등이 있는 돌계단 골목길이었다. 마을의 위아래 큰길 사이를 이어주는 골목길이어서 사람들이 많이 다녔다.

중간마다 심어둔 식물이 햇빛을 받아 마을 전체가 싱그러웠다.

벨라지오 끝으로 걸어가니 공원이 나왔다. 사람들이 그늘에 앉아 호수를 바라보고 있었다. 더위에 지친 우리도 나무 그늘에서 새들이 지저귀는 소리, 호숫물이 바람에 철썩거리는 소리를 들으며 휴식했다. 더운 날에도 나무 그늘은 시원했다.

한참 쉬고 일어나 다시 돌아다니며 서로 사진을 많이 찍어줬다. 엄마와 함께 보낸 시간이 많았어도 엄마를 찍어줬던 적은 별로 없었다. 친구들과는 사진을 많이 찍으면서 가족과 찍은 사진은 얼마 없다는 걸 이번 여행을 하며 알게 됐다. 결국 남는 것은 사진이니 엄마의 사진을 남겨두려고 많이 찍었다.

배를 타고 마을을 떠날 땐 다른 때보다 더 아쉬움이 남았다. 작은 마을은 몇 번만 둘러보면 금방 익숙해지지만, 배를 탐으로써 걸어서는 보지 못했던 마을의 새로운 모습을 볼 수 있다. 처음 보는 풍경에 빠지려 하면, 이미 배는 마을과 멀어져 멀리서 지켜볼 수밖에 없었다.

작지만 사랑스러운 호수 마을, 바렌나

이번 여행에서 유명한 관광지를 가야겠다 하고 간 곳도 있지만, 발이 닿는 대로 걷다 보니 생각하지도 못한 곳을 발견한 적도 많았다. 우리에게 감동을 주고 기억에 남는 곳이 여행의 참된 기쁨이지 않을까.

배에서 내려 바렌나 마을 시내로 걸어갔다. 빨간 난간과 초록 나무, 파란 하늘과 호수. 선선한 날씨에 호숫가를 따라 걸으니 상쾌하고 좋았다.

어떤 골목은 예쁘게 꾸며져 있었고, 어떤 골목은 식물은 갖다 둬도 조촐한 느낌을 주었다. 꾸며진 곳은 아기자기하게 예뻤고, 꾸며지지 않은 곳은 일상의 자연스러움을 느낄 수 있었다. 작은 마을에도 가게마다 사람들은 가득 차 있었다. 해가 질 때쯤 호숫가 돌바닥에는 노을을 보려는 사람들로 가득 찼다. 산으로 넘어가는 해, 호수에 떠 있는 작은 배 한 척. 호수 전체가 금빛을 띠며 잔잔하게 일렁이고 있었다. 인상파 화가들이 이런 순간을 그림으로 담아냈던 걸까.

해가 많이 저물어도 마을에는 여전히 노란 노을이 잔잔하게 남아 있었다. 날은 선선하고 귀뚜라미 우는 소리와 사람들이 조금씩 모여 조용히 이야기하는 소리가 섞여 들렸다. 건너편 마을에 불빛이 조금씩 들어왔다. 소박한 불빛들이지만 오히려 그런 곳에서 사람 사는 느낌이 났다.

골목길 하나만 보고 찾아왔던 이 마을. 기대했던 것 그 이상으로 우리에게 감동과 즐거움을 줬다. 창문 너머로 보이는 맑은 밤하늘에 별이 반짝이길래 손으로 이어보니 북두칠성이었다. 별을 좋아하는 나는 한참이

빨간 철제 다리(바렌나)

바렌나에서 본 해 질 녘 코모 호수

나 하늘을 바라보았다. 아는 별자리가 몇 개 없는데 교과서에서만 봤던 북두칠성을 직접 눈으로 보다니, 정말 감동이었다.

바렌나는 우리에게 저녁과 밤에만 기쁨을 줬던 건 아니다. 아침에 일찍 눈을 떴을 때 비가 조금씩 내렸다. 새소리와 함께 보슬보슬 내리는 빗소리, 그리고 아침에 준비할 때 항상 틀어놨던 피아노 곡을 들으니 꿈만 같았다. 비가 와도 이렇게 기분이 좋을 수가 있구나. 특히 엄마가 정말 행복해해 이곳을 떠나고 싶지 않다고 했다. 숙소에서 조식을 먹고 나오니 마침 비가 그쳤다. 비를 머금은 식물들은 더 상쾌한 공기를 내뿜었고, 기차를 기다리는 동안에도 이 마을의 사랑스러움을 그대로 간직할 수 있었다.

"이런 곳에 데리고 와줘서 고마워. 정말 행복하다."

매번 고맙다고, 행복하다고 표현하는 엄마와 달리 쑥스러운 나는 미소로 대답했다.

Chap. 8

스위스

통화 스위스프랑 Fr
(1스위스프랑 : 약 1,300원대)
전압 230V
언어 독일어, 프랑스어, 이탈리아어

알아두면 좋은 점

▶팁

- 따로 없다. 서비스 비용이 가격에 포함된 경우가 많다. 호텔이나 레스토랑에서 특별히 맘에 드는 서비스를 받았다면 10% 정도 지급한다.

▶에티켓

- '인사'가 중요하다. 간단한 인사를 꼭 알고 가자.
- 대화할 때 상대방의 눈을 피하지 않는다. 눈을 피하면 거짓말하는 중이라고 오해받을 수 있다. 대화할 때 나이나 종교 같은 개인적인 질문은 피해야 한다.
- 껌을 씹거나, 쓰레기를 던지거나, 공개적으로 손톱을 닦지 말아야 한다.
- 검지로 머리를 가리키면 안 된다. 모욕적인 행동으로 간주한다.
- 공공장소에서 대화할 때 주위에 피해가 가지 않도록 조용히 대화하는 것이 좋다.
- 소음 공해에 매우 엄격한 나라이기 때문에 저녁 8시 이후에는 전화나 악기 연주를 하면 안 된다. 밤 11시 이후엔 어떠한 소음도 내선 안 된다. 변기 물

을 내리는 것도 소음으로 간주한다.

- 준법정신이 뛰어나기 때문에, 법질서나 규범을 지키지 않으면 눈총을 받기 쉽다. 지키지 않는 사람을 경찰에 신고할 수 있으므로 교통법규는 꼭 지키자.
- 한 접시에 차가운 음식과 뜨거운 음식을 함께 담으면 안 된다.
- 식사 중에는 소리를 내지 말아야 한다.
- 식사 중에 무릎에 손을 올려놓지 말아야 한다. 테이블 위에 손을 올리고, 팔꿈치는 테이블에서 떼야 한다.

01 산 하나 보려고 / 체르마트

비가 내리는 체르마트

기차를 여러 번 갈아타고 늦은 오후에 도착한 체르마트. 조금씩 비가 내리는 우중충한 하늘, 역시나 마테호른은 보이지 않았다. 많은 곳을 거쳐 오느라 지친 우리는 숙소에서 푹 쉬고 다음 날 꼭 볼 수 있길 기대하며 잠이 들었다.

아침에 눈을 뜨자마자 하늘을 보았다. 비는 오지 않고 흐렸다. 혹시나 마테호른을 볼 수 있지 않을까 하는 희망이 생겼다. 아침을 간단하게 먹으려고 부엌에서 물을 끓이는데 수증기가 모여 창문 밖으로 나갔다. 한국에 있을 땐 수증기가 항상 퍼졌는데, 왜 여기선 수증기가 모일까? 하얗게 모인 수증기는 우리를 약 올리듯 휘리릭 하늘로 올라갔다. 우리는 그걸 구름 공장이라고 불렀다.

"이거 봐. 수증기가 뭉쳐서 하늘로 올라가잖아. 처음 보네, 이런 건."

체르마트 마을

"어떻게든 우리 마테호른 못 보게 하려는 건가. 진짜 너무 하네!"

우리의 마음은 알아주지도 않은 채, 날은 계속 흐렸다.

푸니쿨라를 타고 전망대에 올라가니 비가 왔다. 함께 탔던 사람들은 아쉬움의 탄식을 저마다 내뱉고 있었다. 조금 지나니 비가 오다 그치기를 반복했다. 비가 안 온다 한들 이미 무겁게 깔린 구름 이불은 걷힐 기미가 보이지 않았다. 여기까지 올라왔는데 도대체 어디에 마테호른이 있는 건지 방향조차 가늠할 수 없을 정도였다.

눈보라 속 오두막

우리의 마음을 대변한 것인지 천둥 번개에 우박까지 떨어지기 시작했

한 치 앞도 안 보이는 전망대

호수 보러 갔다가 우박 맞음

다. 몸을 녹일 겸 결국 전망대에 있는 카페 안으로 들어갔다. 몇 명은 안에서 식사하고 있었다.

따뜻하고 달콤한 애플파이를 한 입 먹으니 추위와 피로가 싹 가셨다. 비바람에 우박까지 내리는 바깥, 따뜻한 오두막 안에서 따뜻한 음식을 먹으니 행복했다. 이 빵조각으로 이렇게 행복해질 수 있다니.

그렇게 한참 엄마와 이야기하며 몸을 녹이다 바깥을 보니 구름이 조금씩 걷히고 파란 하늘이 보이기 시작했다. 어차피 구름은 많이 쌓여있지만, 근처 호수는 갈 수 있을 것 같았다. 걸어서 5분이라는데 괜찮겠지. 호수 앞까지 걸어가 보았다. 이곳에서도 마테호른은 보이지 않았다. 그

마침내 보게 된 마테호른. 구름이 껴서 아쉽지만 이 정도로 만족한다.

저 눈이 쌓인 산들만 보일 뿐. 그때였다. 갑자기 후두둑 소리와 함께 우박이 떨어지기 시작했다. 엄마와 나는 놀라 다시 그 카페로 뛰어 올라갔다. 어렸을 때 비 오는 날 비를 맞으며 뛰어놀았던 것이 생각났다. 이미 산을 볼 기대는 접었고, 지금 이 상황 자체가 웃기고 재밌었다. 웃으며 전망대 쪽으로 올라가서 다시 그 카페로 들어갔다. 아까보단 사람들이 제법 많아졌다. 처음에 보이던 산들마저 안개에 가려 이젠 한 치 앞도 보이지 않았다. 비록 산을 보진 못했지만, 따뜻한 오두막의 느낌이 좋아 나름대로 위로가 되었다.

수줍은 마테호른

"얼른 일어나봐. 저기, 마테호른이야!"

"네? 마테호른이요?"

새벽 6시, 마테호른이란 단어만 듣고 벌떡 일어났다. 베란다로 나가 보니 그토록 보고 싶었던 하얀 산 하나가 우뚝 솟아 있었다. 생각보다 웅장한 자태를 보니 잠이 확 깼다.

사람들이 얼마나 부지런한지, 우리가 언덕으로 올라갈 때는 이미 산을 보고 내려오는 사람들도 많았다. 그들의 표정엔 미소가 가득했다. 그렇게 기다리고 기다리던 마테호른이 나타났다. 한 가지 아쉬운 건 마테호른이 어찌나 수줍어하는지 쉽게 전체 모습을 보여주지 않았다는 점이다. 어딘가 꼭 구름 한 오라기를 걸치고 있었다. 구름이 옅어질 때쯤이면 어디선가 구름을 끌어모아 가리는데 정말 감칠 맛이 났다. 왠지 우리가 이 마을을 떠나면 그때 구름 비단을 내려놓을 것 같았지만, 계속 기다릴 수는 없었기에 이 정도로 만족하고 다음 지역으로 갈 준비를 했다. 아쉬운 대로 마테호른의 그림이 그려져 있는 토블론 초콜릿을 먹으며 기차역으로 갔다.

02 인터라켄 근처 마을들 / 베른, 툰

스위스의 수도, 곰의 도시, 베른

가벼운 발걸음으로 베른에 갔다. 수도치곤 아기자기하고 조용했다. 곰 모양 깃발과 스위스 국기가 번갈아 걸려 있는 길을 걸었다. 베른의 구시가지는 길게 뻗어 있었다. 도로 중간에 있는 분수대와 동상, 트램이 지나다니는 시계탑, 그 주변으로 장터가 열려 있었다.

구시가지 안쪽에 베른의 마을을 구경할 수 있는 다리가 있었다. 교회와 그 아래 붉은 갈색의 지붕들이 곡선을 그리며 줄지어 있는 곳. 그 근처를 둘러싸고 있는 강물은 파란색보단 밝은 청록색에 가까웠다. 아기자기한 집들을 볼 수 있는 다리를 건너면 바로 옆에 곰 공원이 나온다. 베른의 상징인 갈색곰을 키우는 공원이란다. 이미 많은 사람이 공원에서 곰을 구경 중이었다.

"저기 두 마리가 부모 곰이고, 저 물 앞에 있는 곰이 딸이에요. 너무

베른 골목

베른 곰 공원

귀엽지 않나요?"

"네, 정말 귀여워요!"

"곰들을 보고만 있어도 기분이 좋아져요."

한 할아버지가 옆에서 구경하는 우리에게 설명해 주었다. 이곳에 사시는 분인지 아닌지는 잘 모르겠지만, 곰이 과일을 먹거나 물 안에 들어갈 때마다 꼭 손주를 보듯이 흐뭇하게 곰들을 바라봤다. 곰들의 때깔이 참 고운 걸로 봐서 여기서 잘 먹고 잘 지내는 것 같았다. 곰 공원 근처에서 보는 강가의 마을들도 참 예뻤다.

여유를 만끽했던 도시, 툰

베른에서 인터라켄으로 돌아가기 전에 있는 마을. 시간이 조금 남아서 가벼운 마음으로 둘러보려고 간 곳이었다. 역에서 내려 길이 나 있는 대로 걸어갔다. 여기도 밝은 청록색의 강물이 흐르고 있었다. 강 위에 지붕이 낮은 나무다리가 있었다.

"저 다리 꼭 루체른에 있는 카펠교 같네."

나는 아직 루체른에 가보진 않았지만, 옛날에 엄마는 가 보셨기 때문에 카펠교가 바로 떠오른 것 같았다. 사람들이 많이 다니지 않고 조용했다.

큰 다리를 건너 도착한 작은 골목. 스위스 국기와 곰 모양, 별이 그려

카펠교를 닮은 툰 다리

진 깃발들이 건물 사이에 여러 개 번갈아 걸려 있었다. 좁은 집들이 다닥다닥 붙어있고 1층엔 깔끔하게 정돈된 상점들, 그 위에는 테라스 난간에 꽃으로 꾸며 두고 있었다. 식물이 없었으면 다소 삭막해 보일 수 있는데, 꽃들이 도시에 생동감을 더했다.

잔잔하고 한적한 도시, 볼거리가 많지는 않았지만 정말 가벼운 마음으로 잠깐 들르기엔 참 좋았다.

툰 마을 골목길

03 폭포가 떨어지는 마을 / 라우터브루넨

엄마가 정말 좋아했던 스위스 마을, 라우터브루넨. 몇 번이고 갔던 곳이지만 기대된다고 했다. 엄마가 갔을 땐 융프라우로 올라가기 위해 잠시 들렀던 곳이었지만 평화롭고 조용한 스위스 마을이어서 융프라우보다도 더 기억에 많이 남는다고 했다.

곰이 그려진 깃발과 스위스 국기는 이곳에도 있었다. 그 뒤로 펼쳐진 나무집들과 푸릇푸릇한 나무들. 스위스의 분위기가 물씬 난다. 라우터브루넨에서 유명한 곳 중 하나인 폭포는 힘차게 쏟아지고 있었다. 큰 폭포는 아니지만 바위산의 윗동네와 아랫동네를 이어주고 있었다.

스위스답게 둘러보는 것만으로도 상쾌해졌다. 예쁜 나무 같은 갈색 지붕 집들은 자연 속에 그대로 동화되었다.

"여기 처음 왔을 땐, 저 앞이 다 풀밭이었는데. 지금은 주차장이 되었어…."

과거와 똑같은 곳도 있으면 다른 곳도 있겠지. 엄마는 이곳이 과거보다 많이 상업화되었다고 했지만, 내 눈엔 아직 자연과 친한 마을이었다.

폭포 마을, 라우터브루넨

04 유명한 그 통나무 / 뮤렌

“이제 어디 갈까요?”

“뮤렌 어때? 엄마가 이곳에 왔을 때는 뮤렌에 가려고 케이블카 안 타고 걸어 올라갔다가 중간에 힘들어서 내려왔거든.”

뮤렌에 대해 ‘통나무’ 하나만 알고 있는 나에겐 큰 기대감은 없었다. 가면 가고 아니면 말고의 느낌이었다. 하지만 엄마가 뮤렌에 가려다가 힘들어 포기했다는 얘기를 들으니 갑자기 가고 싶어졌다.

라우터브루넨에서 뮤렌을 가려면 케이블카를 타고 올라간 다음, 작은 기차를 타고 또 안쪽으로 들어가야 했다. 가격이 엄청 비쌌다. 스위스는 가끔씩 이렇게 물가가 비싸다는 것을 느끼게 해주곤 했다. 케이블카를 타고 올라가 도착한 산 위쪽엔 작은 기차역이 있었다. 반은 노랗고 반은 갈색인 장난감 같은 작은 기차. 한 15분쯤 달렸을까, 기차는 우리를 뮤렌역에 내려주었다.

내리자마자 보이는 탁 트인 풍경에 속이 뻥 뚫렸다. 아랫마을에선 날

뮤렌에서 본 골짜기

이 맑았는데, 뮤렌은 지대가 높아서인지 구름이 많이 껴 있었다. 흐린 날씨였지만 높은 산을 감싸고 있는 구름 덕에 오히려 더 운치가 있었다. 높은 산과 그 사이 큰 골짜기. 자연에 압도되는 기분이 들었다.

저 멀리 사람들이 모여 있다. 멀리서부터 보이는 '그 통나무.' 라우터브루넨과 기차에선 한국인들이 많지 않았는데, 여기에 다 이렇게 모여 통나무 위에서 사진을 건지려고 한참을 찍고 있었다. 뒤에 기다리고 있는 사람들의 표정이 지루해 보였다. 하늘에 낀 구름이 사람들의 얼굴에도 끼었나 보다.

사진을 찍은 사람들은 다시 기차역으로 돌아갔다. 딱 통나무까지만 보러 오는 건지, 그 안쪽으로 가니 지나다니는 사람들이 확 줄어들었다. 오랜만에 느끼는 이 평온함. 느긋하게 마을을 둘러보았다.

스위스 느낌이 물씬 나는 가옥들과 야생화는 참 잘 어울렸다. 자연의 아름다움을 해치지 않으면서 단정하고 어울리게 가꿔놨다. 꽃과 정원을 좋아하는 엄마가 행복해하며 풍경을 눈에 담고 있었다. 나는 그런 엄마를 눈에 담았다. 조용한 스위스 깊은 마을, 엄마와 나뿐인 이 구석진 뮤렌 마을이 평화롭고 좋았다.

05 자연과 도시가 함께한 / 루체른

기차에서 보는 스위스

큰 창문이 있는 기차를 타고 호수 옆을 달리다 멈춘 한 역. 브리엔츠 역이었다. 에메랄드빛 호수 앞에 빨간 철제 의자와 진한 파란색의 표지판. 색감이 예뻐 이곳에 내릴까 고민하던 사이, 기차는 문을 닫고 다시 출발했다.

다시 출발한 기차는 스위스 나무 가옥과 정원들과 나무를 천천히 보여줬다. 놀이터에서는 아이들이 시소를 타고, 엄마들은 벤치에 앉아 아이들이 노는 모습을 보며 시간을 보냈다.

이곳에 사는 사람들이 부러웠다. 앞은 호수고, 뒤는 들판과 산이 있으며, 관광지 치곤 사람이 그리 붐비지도 않았다. 물론 우리는 한 번 지나간 것이고, 그들은 몇 분에 한 번씩 기차가 지나가는 것에 피로를 느끼고 있을지도 모른다. 기차를 타고 순식간에 지나간 잠깐을 보고 평가하

스위스 기차 감성

브리엔츠역

기엔 이르지만, 그래도 그 찰나라도 참 좋아 보였다.

루체른

큰 호수, 작은 호수를 지나 풍경을 바라보니 어느새 루체른에 도착했다. 비는 오지 않았지만 계속 흐렸던 날씨. 잔잔했던 마을을 둘러보다 큰 도시로 가니 확실히 사람들이 엄청나게 많아진 게 느껴졌다. 단체관광객도 많아 정신이 없었다.

카펠교

유럽에서 가장 오래되고 가장 긴 나무다리라고 한다. 툰에서 봤던 것보다 크고 화려했다. 안쪽에 그림도 그려져 있고, 꽃도 많이 있었다.

"엄마가 옛날에 여기 왔을 때, 저쪽에 있는 곳에서 맥주 마시며 이 다리를 보곤 했어."

다리를 건너며 보이는 건물 중 하나를 가리키며 얘기했다. 밤에 카펠교의 야경도 운치 있고 괜찮을 것 같았다. 야경을 보고 싶었지만, 여름의 해는 생각보다 길었기 때문에 포기할 수밖에 없었다.

빈사의 사자상

시내에서 약 10분 정도 걸어가면 있는 빈사의 사자상. 이미 그 근처부터 많은 사람이 있었다. 전 세계 각지에서 모인 사람들은 각 나라 가이드의 설명을 듣고 있었다. 가이드들은 설명이 더 잘 들리게 하려고 한껏 큰 목소리로 이야기했다.

빈사의 사자상은 프랑스 혁명 때 스위스 용병을 기리기 위해 만든 조각상이라고 했다. 사자상 위에 있는 글씨를 해석하면 '스위스 장병들의 충성심과 용맹함을 기리며'라고 한다.

카펠교

빈사의 사자상

사자에 투영된 스위스 장병들이 끝까지 버티다 전사한 모습이라고 생각하니 괜히 숙연해졌다. 이름에서도 나타나듯 '물가에서 죽은' 사자상. 돌로 만들어진 공간 안에서 죽음을 맞이하는 사자의 표정이 더 와닿았다.

사자상의 여운이 다 가시기 전, 루체른에 늦게 도착한 탓에 더 구경하지 못하고 기차역으로 돌아가야 했다.

루체른에 갈 때는 인터라켄에서 바로 가는 기차가 있었는데, 올 때 보니 저녁이라 그런지 기차가 별로 없었다. 어쩔 수 없이 루체른에서 베른에 갔다가 그곳에서 인터라켄으로 가야 했다. 베른에서 인터라켄 가는 기차의 시간 간격도 멀었기 때문에 만약 놓치게 되면 기차 시간이 뒤로 확 밀려버리기 때문에 루체른에서 가는 기차가 연착되지 않기만을 바라야 했다.

꼭 이럴 땐 기차가 연착을 했다. 발을 동동 구르며 기다리다가 서둘러 탔다. 주변 풍경을 보라는 건지, 기차는 천천히 달렸다. 나도 엄마도 속이 탔다. 하늘엔 구름이 가득했고 이윽고 비가 오기 시작했다. 날씨마저 우리의 마음을 담은 것 같다. 체념하고 창밖을 봤다. 무지개는 우리를 따라왔다. 무지개의 높이도 다양하고, 방향도 다양했다. 심지어 쌍무지개도 떴다. 짧은 시간이었지만 대여섯 개의 다양한 형태의 무지개를 봤다. 무지개가 우릴 따라온 것보단 무지개가 생겨난 장소에 우리가 기차를 타고 달린 것이겠지만 생각하기 나름 아닌가. 달님이 나를 좋아해 나를 따라온다는 엄마의 말을 철석같이 믿고 그때부터 달을 좋아했던 내 어린 시절처럼, 무지개가 날 따라온다고 믿고 싶었다.

몇 분 후 도착한 베른역. 우리가 타야 하는 기차가 우리 앞에 있었다. 기차에서 내린 사람들이 뛰어가서 기차를 탔다. 우리도 서둘러 기차를 탔다.

“무지개가 마구 떴던 게 기차를 탈 수 있으니까 안심하라는 뜻이었을까?”

“그랬을 수도 있겠네요. 덕분에 무지개도 보고 기차도 타고, 다행이에요.”

06 지금 모습 그대로이길 / 룽게른

루체른에 기차를 타고 가던 길에 정말 아름다웠던 마을이 있었다. 브리엔츠 마을을 지나가다 보면 있는 첫 번째 작은 호숫가 마을이었던 룽게른. 원래는 바로 그린델발트에 가는 일정이었지만 룽게른이란 곳을 안 가기엔 아쉬울 것 같아 잠깐 들르기로 했다.

기차만 타도 행복한 스위스, 약 한 시간 동안 창문으로 스위스를 맛본 후 룽게른에 내렸다. 내리는 사람들이 별로 없었다. 마을에도 사람이 많지 않았다. 조용한 마을 안으로 들어가니 꽃을 심어둔 정원이 많았다. 살랑 부는 바람에 꽃향기가 마을 전체로 퍼졌다. 새소리와 가끔 지나가는 사람들의 작은 말소리뿐인 마을. 자전거를 타고 가는 아이는 우리를 계속 신기하게 쳐다봤다. 뒤돌아서까지 힐끗 보는 모습에, 관광객이 그렇게 많이 찾아오지는 않는 곳이구나 싶었다.

마을 더 안쪽으로 들어가니 호수가 나왔다. 호수 위에는 수영 놀이 시설도 있고, 배를 타고 낚시를 하는 사람들도 있었다. 사락사락 바람 소

기차 타고 가다가 우연히 발견한 룽게른 마을

리와 함께 벤치에 앉아 풍경을 바라봤다. 이렇게 아름다운 곳에 사람들이 없고 우리뿐이라니. 이곳이 참 마음에 들었다.

저 멀리 산과 나무들 사이에 기차가 지나갔다. 저 기차 안에 있는 사람들도 이 마을을 지나갈 때 풍경을 보고 오고 싶다는 생각이 들까? 이곳에 시간을 내서 오려나?

“엄마는 여행할 때 좋은 곳 있으면 갑자기 일정 바꿨다고 하지 않았어요?”

“맞아. 계획이라곤 하나도 없이, 지나가다 좋은 곳이나 누가 좋다 하는 곳 있으면 무작정 갔지. 그땐 참 무모하게 여행했어. 지금은 이렇게

룽게른 호수

나 알차게 여행하는데."

"여행에 옳고 그름은 없는 것 같아요. 엄마 방식 대로, 내 방식 대로 각자 맞는 대로 다니면 되죠."

다시 역으로 돌아가는 길, 호수 근처 있던 테니스장에서 할머니 할아버지들이 테니스를 치고 있었다. 그들의 웃음소리가 길까지 들렸다. 그늘에 앉아 잠시 쉬기로 하고 먼발치에서 테니스 치는 것을 구경했다. 새소리와 간간이 들리는 웃음소리, 잎사귀들이 살랑이며 내는 싱그러운 소리. 사랑스러운 소리의 총집합이었다. 산뜻한 봄 날씨였다.

더 있고 싶었지만, 그린델발트에 가야 했기 때문에 아쉽지만 일어나서 기차역으로 갔다. 기차역 근처엔 공사하는 곳이 많았다. 호텔을 짓는 듯했다. 이렇게 호텔이 지어지고, 사람들에게 알려지고, 마을의 반이 관광객을 상대로 한 상점으로 바뀌었다. 엄마가 관광지역으로 많이 개발되기 전에 여행 다니다가, 많이 바뀐 곳을 보고 실망했던 마음을 조금은 알 수 있을 것 같다. 만약 이번의 좋은 기억을 가지고 30년 후에 다시 이곳에 왔는데, 옛날과 너무 달라져 있다면 실망스러울 것 같았다. 지금의 모습을 눈과 마음에 열심히 담아두어야 할 이유가 또 생겼다.

07 아름다움만을 모아 만든 곳 / 그린델발트

한국인들이 좋아하는 스위스 마을로 알려진 그린델발트. 들판에 작은 집들이 오밀조밀 모여있는 사진 하나로 내 마음을 사로잡았다. 스위스에서 가장 기대했던 곳, 숙소도 스위스답게 정말 비쌌지만 2박이나 묵으려 한 곳. 기대치가 높으면 그만큼 실망할 확률도 높은 걸 알았음에도 기대를 할 수밖에 없었다.

숙소에서 보내준 픽업 차를 타고 도착한 숙소. 체크인하자마자 바로 방으로 들어갔다.

"엄마, 이거 봐!"

엄마에게 꼭 깜짝 선물을 하듯 방 안에 들어가 커튼을 쳤다. 눈앞에 펼쳐진 그린델발트 풍경에 우리 둘은 서로 말을 잃었다. 생각보다도 더 예뻤던 풍경, 엄청 기대했는데도 그 이상을 넘겨버리다니. 오후 7시, 저녁이지만 따뜻한 햇빛이 그린델발트를 비추니 마을이 더 반짝이고 예뻤다.

아이거산과 그린델발트

야생화조차 예뻤던 곳

연두색의 들판과 함께 나무와 집들이 정말 잘 어울렸다. 그 들판을 가로지르는 기차 철로가 보였다. 직선으로 뻗어있지 않고, 들판의 굴곡에 맞춰 곡선으로 나 있는 철로는 최대한 자연에 피해가 안 가도록 노력하는 느낌이 들었다. 그린델발트는 꼭 미니어처로 만든 마을 같았다. 그런 마을을 크게 아우르는 큰 산이 있었는데 바로 아이거산이었다. 눈이 덮인 아이거산, 그 밑엔 우거진 산, 그 밑에 아기자기한 평지 마을. 숙소 뒤뜰에 올라가 노래를 틀어놓고 넋 놓고 한참이나 바라보았다. 이곳에서의 시간이 하루나 더 남았다니, 행복했다.

숙소에서 시내로 내려가는 길, 여기저기에 예쁘게 꾸며진 꽃들과 함께 야생화가 바람에 몸을 맡겨 흔들리고 있었다. 멀리서 봤을 땐 똑같이 생긴 들풀인 줄 알았는데, 자세히 보니 하얀색, 노란색, 보라색 꽃들이 다양하게 섞여 있었다. 이곳에 있는 풀은 알고 보니 거의 다 꽃이었다. 야생화를 좋아하시는 엄마는 몇 걸음에 한 번씩 멈춰 사진을 찍었다.

저 멀리 있는 아저씨는 야생화를 싹 밀고 있었다. 우리에겐 이런 꽃으로 이루어진 들판이 참 특별하고 예쁜데 일상이 되면 잡초랑 크게 다르지 않은가 보다.

거의 돌아다니지 않고 숙소와 뒤뜰에만 있었는데도 참 행복했다. 눈 감으면 미니어처 같은 마을이 생각난다. 들판을 가로지르는 작은 기차가 천천히 달리는 모습도 장난감 같아서 기억에 많이 남는다. 스위스 하면 자연환경이 먼저 떠오르는데 그 이유가 있었다. 짧은 6박 7일 스위스의 여정을 마치고 이제 정말 마지막 나라 프랑스만을 남겨두고 있었다. 기대 반 걱정 반으로 그렇게 스위스에서의 마지막 밤을 보냈다.

Chap. 9

프랑스

통화	유로 € (1유로 : 약 1,300원대)
전압	220V
언어	프랑스어

알아두면 좋은 점

▶팁

- 10~15%. 대부분의 레스토랑과 바의 메뉴에는 이미 포함되어 있다. 호텔이나 택시 등에서는 1~2유로가 적당.

▶에티켓

- 택시 운전석 옆에 앉지 않는 것이 예의이다. 허락한다면 앉을 수 있으나 추가 요금 발생.
- OK 사인은 '아무것도 없음, 가치 없음'이라는 뜻.
- 악수할 때 손에 힘을 주면 예의 없는 행동.
- 마트에서 생선이나 고기를 살 때 판매원의 허락을 받고 만져야 한다.
- 실내에서 우산 펴는 것, 식탁에 소금 엎지르는 것은 불길한 징조라 생각한다.
- 식당에서 종업원을 부를 때 쳐다보다가 눈이 마주치면 고개를 끄덕이자.
- 와인을 직접 따라 마시는 것은 예의에 어긋난다. 웨이터가 채워줄 때까지 기다리자.

- 생선을 뒤집어 먹지 말아야 한다.
- 닭고기를 손으로 들고 먹으면 야만인 취급을 받게 된다.
- 식사가 끝날 때까지 양손은 식탁 위에.
- 식사할 때 음식을 쩝쩝거리거나 후루룩거리면 안 된다. 트림해서도 안 된다.

▶ 소매치기가 많은 편이다. 몽마르트르 언덕, 에펠탑 등 주요 관광지에서 항상 조심하자.

▶ 물에 석회 성분이 많다. 생수를 구매해서 마시자. 식당에서는 '미네랄 워터' 요청.

▶ 관광지의 원통 화장실은 15분 정도 지나면 자동으로 문이 열리므로 주의 필요.

▶ 프랑스 카페에서는 자리에 따라 값이 달라진다. 야외 테이블이 가장 비싼 자리.

▶ 정해진 식사 시간에만 식사할 수 있다. 점심 12~15시, 저녁 19시~.

▶ 유명 박물관의 휴관일은 보통 월/화요일. 미리 확인한 후 방문하자.

기본 회화

- 안녕하세요(낮 인사) Bonjour(봉쥬르)
- 안녕하세요(밤 인사) Bonsoir(봉수와)
- 안녕히 가세요 Au revoir(오흐부와)
- 아니오, 괜찮습니다 Non merci(농 메르씨)
- 좋습니다, 알겠습니다 D'accord(다꼬르)
- 실례합니다 Pardon(빠흐동)
- 미안합니다 Excusez-moi(엑스뀌제 무아)
- 정말 고맙습니다 Merci beaucoup(메르씨 보꾸)
- 천만에요 Je vous en prie(주부장프리)
- 네 Oui(위) / 아니오 Non(농)
- 얼마입니까? C'est combien?(쎄 꽁비앙?)
- 화장실은 어디입니까? Où sont les toilettes?(우쏭 레 뚜알렛?)
- 메뉴판 주세요 La carte, s'il vous plaît(라 꺄뜨, 씰 부 쁠레)
- 계산할게요 Je vais payer(즈 베 뻬이에)

숫자

0 zero(제로) / 1 un, une(엉, 윈느) / 2 deux(두) / 3 trois(트로와)

4 quatre(꽈뜨르) / 5 cinq(쌍크) / 6 six(씨쓰) / 7 sept(세뜨) / 8 huit(위뜨)

9 neuf(뇌프) / 10 dix(디스)

요일

월요일 Lundi(렁디)

화요일 mardi(마르디)

수요일 mercredi(메르크르디)

목요일 jeudi(죄디)

금요일 vendredi(방드르디)
토요일 samedi(쌈디)
일요일 dimanche(디망슈)

▶ 매달 첫 번째 일요일은 대부분의 박물관 무료 입장 가능.
▶ 한국에서 입장권, 뮤지엄 패스 미리 구매하기.
▶ 월, 화요일에 휴무인 곳 미리 날짜 확인하자!

- 베르사유 궁전 Chateaude Versailles
  성인 20유로부터, 뮤지엄 패스 소지자 무료.
  09:00~18:30, 월요일 휴무.
- 루브르 박물관 Musee du Louvre
  성인 17유로, 뮤지엄 패스 소지자 무료.
  09:00~18:00(금 09:00~21:45), 화요일 휴무.
- 오르세 미술관 Musee d'Orsay
  성인 16유로, 뮤지엄 패스 소지자 무료
  09:30~18:00(목 09:00~21:45), 월요일 휴무.
- 오랑주리 미술관 Museede l'Orangerie
  성인 9유로, 뮤지엄 패스 소지자 무료.
  09:00~18:00(목 14:00~18:00), 화요일 휴무.

01 권태기가 와버렸다 / 콜마르, 스트라스부르

권태기

스위스에서 마지막 조식을 먹고 마지막 나라인 프랑스행 기차표를 예매했다. 인터라켄, 바젤을 거쳐 스트라스부르로 가는 기차를 탔다. 스위스에서 쾌적한 기차여행을 하고 온 뒤라 스트라스부르행 기차가 마음에 들지 않았다. 기차 안은 꿉꿉한 냄새에 때가 탄 노란색 천 의자, 꼭 오래된 호박떡 위에 앉아 있는 것 같았다.

이때부터 여행에서의 권태기가 왔다. 50일 여행 중 앞으로 10일이 남았는데 살짝 버겁기 시작했다. 매일 새로운 일이 생겨나면 어떻게든 했지만, 또 새로운 일이 생겨나고를 반복하며 슬슬 지쳤다. 반면 엄마는 매일 새로운 일이 일어나고 새로운 마을에서 펼쳐지는 아름다움에 기대감이 점점 커졌다.

콜마르 골목

숙소에 들어와 짐을 내려놓고 침대에 누웠다. 40일 동안 여독이 쌓인 건지 잘 못 먹어서 그런 건지 일어나기 싫었다. 누워서 핸드폰을 보고 있는데 엄마는 옆에서 화장을 새로 고치고 벌써 나갈 준비를 마치고 날 기다렸다.

"콜마르가 너무 기대된다. 얼마나 예쁘고 좋을까!"

엄마가 가고 싶어 하셨던 콜마르, 기대감에 잔뜩 부푼 엄마는 빨리 나가고 싶어 했다.

콜마르 쁘띠 베니스

알록달록 테마공원 마을

당일치기를 하려는 사람들이 많아 완행열차는 관광객들로 만원이었다. 맞은편에 앉아 있던 집시 차림의 여자 둘은 엄마의 가방을 노리는 것 같았다. 짐을 위에 올리라는 둥 계속해서 퉁퉁거리더니 잠든 척한다. 엄마가 가방을 여니 눈이 반짝거리며 자기들끼리 눈빛을 교환했다.

기차 안은 덥고 공기는 탁했다. 프랑스의 시작은 인상을 찌푸리게 했으나 다행히 별일은 없었다. 스위스에서는 하지 않았던 긴장을 다시 하려니 구경하기도 전에 피곤해서 돌아가고 싶었다.

콜마르는 입구에서부터 예쁜 마을의 느낌이 물씬 났다. 알록달록한 집들이 옹기종기 모여 마을 전체가 꼭 테마파크 같았다. 놀이공원 같기도 한 이곳은 실제 〈하울의 움직이는 성〉의 모티브가 되었다고 한다. 그 만화영화를 봤을 때는 저렇게 예쁜 마을이 실존할까 생각했었는데 직접 보니 영화 속에 들어온 것 같았다. 마을을 천천히 돌아다니는 꼬마 기차, 아이들이 뛰어노는 회전목마, 웨딩 촬영을 하는 사람들, 강물을 따라 작은 배를 타는 사람들. 이 동네를 더 사랑스럽게 꾸며주는 요소들이 많았다.

한두 시간 정도 흘렀을까, 여러 번 본 집들은 익숙해졌다. 날은 덥고 사람은 많아 빨리 지쳤다. 큰 기대를 안고 왔던 엄마도 지루해했다. 공원 벤치에 앉아서 마을을 더 둘러볼까 물어보는 나에게 엄마는 단호하게 대답하셨다.

"이제 슬슬 가야지."

해가 길어 날이 아직 밝았음에도 엄마도 다시 돌아가고 싶어 했다. 바로 일어나 스트라스부르로 돌아갔다.

저녁을 간단하게 먹기 위해 맥도날드에 갔다. 시들어 버린 양배추 한 장에 푸석한 빵과 식어있는 패티. 볼품없는 저녁 식사는 나의 권태로움에 더 힘을 실어주었다.

다시 스트라스부르

호텔 체크아웃 후 짐을 맡기고 어제 돌아보지 못했던 스트라스부르를 둘러보기로 했다. 비가 온다는 예보가 있었지만 나가보니 파란 하늘이 우릴 맞이했다. 덕분에 기분 좋게 동네를 둘러봤다. 콜마르가 짜임새 있게 꾸며진 놀이공원 느낌이라면, 스트라스부르는 조금 더 자연스럽고 수수한 사람 사는 곳 같았다. 한창 꽃이 피는 시기여서 그런지 동네 곳곳에 꽃과 나무들이 싱그럽게 마을을 꾸미고 있었다.

강이 마을의 안쪽을 감싸고 있어서 조금만 걸어도 좁은 강가가 나왔다. 강을 따라 예쁘게 지어진 집들은 강에도 색을 물들이고 있었다.

마을 안쪽으로 들어갈수록 사람들이 점점 많아졌다. 식당과 기념품을 파는 골목 사이에 엄청나게 큰 건물 하나가 보였다. 스트라스부르 대성당이었다. 크기와 정교함에 이끌려 성당 쪽으로 걸어갔다. 마침 종이 울린다.

여행하면 할수록 성당들이 다 비슷하게 생겨서 안에 들어가 보지도 않았다. 나중에 안 사실이지만 안에는 천문시계가 있다고 했다. 들어가 볼걸, 하는 아쉬움도 남았다. 그 당시로 다시 돌아간다 해도 그때의 나는 안 들어갔을 것 같다.

아침에 맑았던 하늘은 점점 어두워지기 시작했다. 하얀 구름이었는데 언제부턴가 점점 회색빛이 돌고 있었다. 흐리다 말겠지 했지만, 급속도로 몰려오는 회색 구름은 이내 물방울을 떨어뜨렸다. 우산을 미처 준비하지 못한 사람들이 비를 피해 뛰었다. 우리도 한 건물의 처마 밑에서 기다렸다. 비가 그칠 것 같지 않아 근처에 어닝이 있는 가게로 들어가 젤라토를 먹었다. 비가 와 추웠지만, 하필 들어간 게 젤라토 가게였으니….

비를 맞지 않을 때 비 내리는 모습은 꽤 낭만적이었다. 비를 피해 헐레벌떡 뛰었던 30분 전과 달리 지금은 빗소리를 들으며 운치 있는 분위기를 즐겼다. 알아들을 수 없는 손님들의 대화들, 이국적인 풍경. 우리가 여기 있다는 게 당연하지 않게 되었다. 여행이 나에게 당연한 것이 되었을 즈음 권태기가 왔다. 당연한 것이 아님에도 익숙해져 귀찮아졌다. 비가 내려 알록달록했던 마을이 금방 칙칙해졌지만 아까 봤던 색감과는 또 다른 느낌의 마을을 만날 수 있었다. 비가 와 동네를 돌아다니지 못했지만, 정신없이 앞만 보며 구경했던 전과 달리 한 곳에 앉아 한 도시에 대한 생각을 나눌 수 있었다.

스트라스부르 시내

(왼) 성당이 보이는 스트라스부르 골목길 (오) 싱그러운 느낌의 스트라스부르

서서히 잦아들어 가는 빗줄기를 보며 한 가지를 깨달았다. 권태기를 극복하려면 감사의 마음을 가져야 한다는 것. 나에게 일어나는 일들이 당연한 것은 하나도 없음을 생각했다. 매 순간에 감사한 마음을 갖는다는 것은 쉽지 않지만, 좋은 점을 먼저 보려고 노력해야겠다.

비가 그치자 우린 가게를 나와 다시 역으로 걸어갔다. 마음가짐이 달라져서인지는 모르겠으나 마을을 다시 보니 훨씬 예쁘게 보였다. 아직은 남아 있는 구름마저도 몽실몽실한 분위기를 내고 있었다.

호텔로 돌아가 짐을 챙겨 기차역으로 갔다. 엄마가 오고 싶어 하던 마을이었지만 나의 권태로 인해 열심히 둘러보지 못해 뒤늦게 아쉬웠다. 하지만 아직 앞으로 갈 마을이 더 남았으니 꼭 이 마음 그대로 들고 가서 매 순간을 열심히 담아내야겠다고 다짐했다.

02 일상이 담긴 곳 / 디종

원래 계획은 디종 근처에 있는 '세뮤르'라는 중세 마을에 가는 것이었다. 그곳에 가려고 여기에 숙소를 잡았었다. 하지만 버스 시간이 언젠지도 모르고 주말에는 가기 힘들다고 해서 포기했다.

주말 오후에 작은 마을을 여행하는 것은 평일보단 쉽지 않았다. 문 여는 곳도 많지 않아 관광지를 찾아가기도 애매해 사람 사는 구경을 하기로 했다.

디종은 전에 갔던 마을들보단 색감이 더 잔잔해서 사람 사는 느낌이 났다. 기념품 가게보다 일상에서 볼 수 있는 상점이 많아서 그랬을까. 골목은 생각보다 더 넓었고 사람은 생각보다 적었다. 덕분에 쾌적하게 돌아다닐 수 있었다.

길을 따라가다 보면 빨간 목제 건물과 분수대, 그리고 회전목마가 있었다. 알고 간 곳은 아니지만, 갑작스레 만난 회전목마는 항상 반갑다. 찾아보니 프랑수아 루드 광장이라고 한다. 분수대 중앙에는 포도를 밟

디종 시내 골목

분수대에서 노는 아이들

고 있는 동상이 있었다. 포도주가 유명한 디종답게 포도주를 만들고 있는 모습이라는 것을 단번에 알 수 있었다. 분수대에는 사람들이 앉아 주말 오후를 즐기고 있었다.

맑은 날, 맑은 물(디종 공원)

비슷한 색감의 건물들을 지나 계속 걸어갔다. 어느 순간 갑자기 탁 트인 공간이 나왔다. 광장 앞에 놓인 긴 석조의자에 앉아 광장을 바라보았다.

둥글게 광장을 둘러싸고 있는 가게들과 그 앞엔 많은 야외 자리가 있었다. 사람들이 다들 맛있는 음식과 디저트를 먹으며 주말 오후를 즐기는 모습에 잔잔한 행복이 느껴졌다. 광장 가운데엔 분수대가 있고, 아이들이 뛰어놀며 물장난을 치고 있었다.

다음 날 아침, 파리에 가기 전 기차 시간이 조금 남아서 캐리어를 끌고 역 근처에 있는 공원에 갔다. 꽤 큰 공원이었지만 월요일 아침이라 그런지 사람들이 거의 없었다. 벤치에 앉아 캐리어에 다리를 올려두고 그늘에서 살랑이는 바람을 맞으며 엄마와 수다를 떨었다.

"여기는 나중에도 생각이 많이 날 것 같아. 근사한 것을 본 것이 아니더라도 이런 일상적인 것이 은은하게 마음을 울리네."

엄마의 말에 동의하며 공원을 바라보았다. 햇살이 세서 그런지는 모르겠지만 분수대의 에메랄드빛으로 출렁이는 물과, 바람에 사그락거리는 나뭇잎들이 반짝거렸다. 평화롭고 여유로움을 시각화하면 이런 모습일까. 파리에 가기 전 우리의 마음을 울렸던 디종은 짧은 시간 구경했음에도 소소한 행복으로 남았다.

03 낭만의 도시 / 파리

파리 시내 살짝 맛보기

디종에서 여유로움을 만끽하고 파리로 가는 기차를 탔다. 간만에 대도시로 가려니 긴장이 됐다.

파리에 도착해 숙소에 체크인한 후 지하철을 타고 개선문에 갔다. 주변엔 사람들이 정말 많았다. 엄청 커다랗고 섬세하게 조각된 개선문은 멀리서 봐도 그 존재감이 대단했다. 위에 올라가서 구경하면 파리 시내가 한눈에 들어온다는데, 줄이 너무 길어 포기했다. 사진 한 장 찍고 돌아서 샹젤리제 거리를 걸었다. 수많은 사람과 화려하고 빛나는 가게들. 잔잔함과 수수함을 좋아하는 나의 취향은 아니었지만 나름 볼거리는 많았다.

"오~ 샹젤리제~."

길에서 노래를 부르며 지나가는 외국인들이 꽤 많았다. 아무래도 샹

저녁의 에펠탑

젤리제 거리여서 그럴까.

드디어 에펠탑

에펠탑의 하루를 보고 싶어 숙소도 그 근처로 잡았다. 오후 5시가 넘었지만, 여전히 해는 뜨거웠다. 에펠탑 앞에 펼쳐진 잔디밭엔 이미 많은 사람이 모여 있었다. 돗자리를 깔고 소풍하는 사람들부터 잔디밭에 그냥 앉아있거나 누워 에펠탑의 낭만을 즐기는 사람들이 많았다.

에펠탑은 파리의 분위기를 물씬 풍겼다. 구름 사이에 비행운도 나 있었다. 저 위에 있는 사람은 에펠탑의 정수리를 보고 있을까. 이런저런 생각을 하는 동안 해는 점점 내려앉았다. 오후 9시 반이 지나서야 노을을 볼 수 있었다.

"비어 맥주~ 비어 맥주~ 와인~ 샴페인~ 에펠탑 반짝반짝~."

에펠탑 열쇠고리들을 양쪽 아이스박스에 매달고 다니면서 맥주나 물을 파는 외국인들도 함께 모였다. 한국인인 건 어떻게 알고 한국어로 말을 거는 걸까. 처음엔 웃으며 거절했지만, 5분에 한 번씩 와서 귀찮게 하니까 좀 화가 났다. 분위기가 좋다가도 계속 저 말을 들으니 꿈에서 깨는 듯했다.

저녁 10시가 넘어가니 이번엔 에펠탑에 황금색 불빛이 들어왔다. 해가 어찌나 긴지 여전히 지평선엔 붉은 하늘이 보였다. 어두컴컴해진 모습을 보고 싶었는데 10시 50분이 되어도 깜깜한 하늘은 보지 못했다. 대신 남색 하늘에 노랗게 빛을 내는 에펠탑의 색감은 낮에 봤던 모습과는 또 다른 분위기를 자아냈다.

엄마의 통금시간은 저녁 11시였는지, 점점 초조해져 숙소로 돌아가고 싶어 했다. 더 어두운 밤하늘은 보지 못했지만, 이 정도도 충분해서 서둘러 돌아갔다.

밤의 에펠탑

오르세 미술관 구경 중

에펠탑 앞에서만 거의 한나절은 있었기 때문에 에펠탑에 대한 갈증은 해소하다 못해 질릴 정도로 풀었다. 에펠탑 그 자체보다 에펠탑이 만들어 내는 파리의 낭만적인 분위기는 이따금 생각날 거 같았다.

본격적인 파리 구경하기

오르세 미술관

미술 작품을 보는 것을 좋아해 파리에서의 박물관과 미술관 탐방에 큰 기대를 했다. 뮤지엄 패스를 끊고, 오르세 미술관부터 가 보기로 했다. 인상주의 작품을 좋아해서 다른 곳들보다도 오르세 미술관에 대해 더 큰 기대감이 있었다.

기차역을 개조해서 만든 이 미술관은 생각보다 더 컸다. 수많은 작품을 소장해서 둘러보는 데도 시간이 오래 걸렸고, 사람들도 많다 보니 편하게 관람할 수 없었다. 특히 유명한 작품일수록 그 앞에 모여 있는 사람도 많고, 작품 보호를 위해 유리판을 붙여두다 보니 조명이 반사되어 잘 보이지 않았다. 그러다 보니 예전에 다녔던 미술관들처럼 색감을 우선으로 보게 되었다. 작품을 사진으론 많이 봤지만, 실제론 본 적이 없어서 신기했다. 핸드폰으로 사진을 잔뜩 찍어뒀다. 생각해 보니 나중에 다시 꺼내 볼 일은 없을 것 같다. 더 이상 카메라가 아닌 눈으로 담아본다. 그 작품의 색감을 그대로 카메라가 또 담을 거라는 보장은 없기 때문이다. 모네, 고흐, 르누아르, 밀레 등 한 번쯤은 들었을 법한 화가들의 작품이 연달아 나와, 한참을 구경했다.

생트 샤펠 성당

오르세 미술관에서 가까운 생트 샤펠 성당에 가보기로 했다. 높은 천장까지 뻗어있는 스테인드글라스 창문을 보고 꼭 가야겠다고 마음먹었던 곳이다. 오후 5시 반 넘어서 가서 그런지 꽤 한산했다. 한구석에 사람들이 위로 올라가길래 따라 올라가 봤다. 사진으로만 봤던 그 스테인드글라스 창문들이 벽을 메우고 있었다. 이 정도의 화려한 창문들은 처음 보는데, 그 분위기에 입이 다물어지지 않았다. 다른 사람들도 마찬가지인 것 같았다. 다들 넋 놓고 고개를 들고 카메라와 눈에 담느라 정신이 없어 보였다.

노트르담 대성당

생트 샤펠 성당 근처의 노트르담 대성당. 펜스가 처져 있는 이곳은 우리가 오기 두 달 전 화재가 발생해 공사를 위해 막아뒀다. 남대문이 불에 타는 모습을 뉴스로 본 적이 있는데 굉장히 마음이 아프고 속상했다. 이곳 사람들도 얼마나 마음이 아팠을까. 대성당을 제대로 보고 싶었지

생트 샤펠 성당

만, 나중에 다시 파리에 오는 날 볼 것을 기약하고 발걸음을 옮겼다.

오랑주리 미술관

모네의 〈수련〉을 포함해 여러 작품이 있는 곳. 타원의 흰 방에 빙 둘러 있는 그림. 지베르니의 연못과 수련, 다리를 그린 작품들이 둥글게 전시되어 있어서 색다른 느낌을 받았다. 버드나무와 연못에 비친 구름까지, 거친 듯 부드러운 붓 터치로 표현했다. 미술관 가운데에 있는 의자에 앉아 한참을 바라보았다.

(위) 복구 중인 노트르담 대성당 (아래) 오랑주리 미술관

몽마르트르 언덕과 사크레쾨르 성당

몽마르트르 언덕

파리하면 한 번쯤은 들어봤을 법한 몽마르트르 언덕. 지도로 검색해 걸어가는데 으슥한 골목길이었다. 둘러 가더라도 큰길로 갈 걸, 조금이라도 더 빨리 가려고 지름길을 검색했다가 엄마와 둘이 잔뜩 긴장한 채로 몽마르트르 뒷길로 올라갔다.

역시나 명성답게 많은 사람이 모여 있었다. 파리 시내에서 가장 높은 곳이라던 몽마르트르 언덕과 사크레쾨르 성당. 언덕에서 파리 시내가 한눈에 보였다. 경치도 잠시, 혹시나 소매치기나 팔찌단이 있을까 싶어 금방 내려왔다.

루브르박물관, 〈밀로의 비너스〉

루브르 야경

루브르 근처 야경

루브르 박물관

외관부터 화려한 유리 피라미드가 시선을 사로잡았다. 피라미드를 둘러싼 박물관들. 넓어서 하루에 다 볼 수 없기 때문에 주요 볼거리들을 미리 알아보고 가는 것이 좋다. 하지만 막상 둘러보면 발 가는 대로 가게 되어 있다.

그런데도 꼭 봐야 하는 것, 바로 〈모나리자〉였다. 워낙 유명한 그림이니 방을 하나 따로 만들어 두꺼운 유리로 막아두고, 양옆엔 경호원이 서 있었다. 생각보다 작은 그 그림 앞은 수십 명의 사람이 자리 잡고 있었다. 다들 카메라를 들고 사진을 찍었다. 겹치지 않게 찍으려는 들쑥날쑥한 팔들.

〈모나리자〉 말고도 루브르 박물관에는 워낙 유명한 작품들이 많았다. 비너스, 니케 등의 조각상들, 그리고 잘 알려진 수많은 그림. 꼼꼼히 둘러보려면 며칠이 걸릴 정도로 볼거리가 많았다. 처음에는 열심히 둘러봤지만, 나중에는 쓱쓱 훑어보았다.

루브르 박물관은 야경 또한 화려했다. 피라미드에 조명이 있어 밤에는 노란빛으로 물들어 낮과는 또 다른 매력으로 다가온다. 숙소가 루브르 박물관 근처여서 엄마가 조금 안심하고 야경을 함께 즐겼다.

04 화려함의 극치 / 베르사유 궁전

파리에 갔다면 베르사유 궁전도 필수 코스다. 지하철을 탄 뒤 RER 기차를 타고 베르사유 상티에역으로 갔다.

저 멀리 보이는 화려한 궁전, 그 앞에 서둘러 걸어가는 사람들. 줄을 조금이라도 더 빨리 서기 위해 뛰어가는 듯했다.

궁전은 말 그대로 화려함과 섬세함 그 자체였다. 이렇게 호화로운 생활을 하면 어떨까. 처음엔 눈이 휘둥그레해서 열심히 봤지만, 그런 방도 계속되다 보니 점점 익숙해졌다. 이곳에 살았던 사람들도 금방 익숙해졌을까?

'익숙함에 속아 소중함을 잊지 말자.'라는 말이 떠올랐다. 여행하며 매일 새로운 풍경과 멋진 장면들을 계속 보다 보니 이런 삶이 익숙해져 있었다. 저번에 겪었던 권태와도 관련이 있는 것 같았다. 문제는 이런 사실을 그 당시엔 깨닫지 못한다는 것이다. 꼭 지난 후에야 뒤늦게 깨닫고 후회하고, 다음부턴 그러지 말아야지 하는가 보다.

입구부터 화려한 베르사유

여태 지나온 방에 대한 설명 없이 발 가는 대로 걷다 보니 기억에 남는 곳이 별로 없었다. 그런데도 기억나는 곳이 있었으니, 평화의 방이었다. 다른 방보다도 더 화려해 열심히 보고 있으니 엄마가 마리 앙투아네트의 방이라고 알려 주었다. 화려한 금빛 장식과 샹들리에, 벽 전체를 덮은 꽃 그림들이 인상 깊었다.

베르사유 궁전의 하이라이트라고 할 수 있는 거울의 방. 역시 그 명성답게 높은 천장에서부터 길게 내려온 화려한 샹들리에는 이곳을 더 화려하게 꾸며 주었다. 한쪽 벽엔 창문 모양으로 거울이 붙어 있어 공간을 더 넓게 보이게 했다. 정원 쪽엔 창문이 달려 있었는데, 만약 저 창문이 거울이었으면, 하는 상상을 하며 거울의 방을 걸어갔다.

평화의 방

거울의 방

베르사유 정원

궁전에서 나와 베르사유 정원으로 갔다. 동글동글한 나무들은 다들 비슷한 듯 다른 디자인이었다. 가운데 얇은 줄기가 그대로 보이게 자른 나무들은 꼭 꼬치 같았다. 어떻게 저렇게 자를까? 궁금해하던 때, 마침 나무를 깎는 정원사들이 있어 어떻게 하는지 구경했다. 여러 판이 있는데, 그걸 대고 자르고 있었다. 삐죽빼죽 튀어나온 나무들이 손길을 지나고 나면 단정하게 이발 되어 있었다. 성인 남자 여러 명이 나무 하나에 붙어 이발하는 모습이 귀여웠다.

05 드디어 이곳에 / 몽생미셸

섬이자 육지인 몽생미셸

몽생미셸 야경을 보고 싶은 것이 나의 버킷리스트 중 하나여서 그 근처로 숙소를 잡았다. 저 멀리 탁 트인 지평선에 세워져 있는 성 하나. 꼭 근사한 모래성 같았다. 보통 셔틀버스를 타고 가던데 날씨도 좋고 길이 좋아 걸어갔다. 선선한 바닷바람, 끼룩거리는 갈매기들 그리고 사그락거리는 갈대들. 탁 트인 풍경에 엄마는 몽생미셸에 가기 전부터 들떴다. 몇 걸음에 한 번씩 사진을 찍느라 한참이나 걸려 도착했다. 몽생미셸이 섬이라 불리는 이유는 밀물로 바닷물이 들어올 때 성의 아랫부분이 잠겨 섬처럼 보이기 때문이라 한다. 우리가 갔을 땐 아쉽게 썰물 때여서 갯벌 위 모래성처럼 보였다.

(왼) 길가에서 춤추기 (오) 여전히 춤추는 사람들

걸어서 세계 속으로

성 입구부터 흥겨운 음악 소리가 들렸다. 사람들이 춤을 추고, 옆엔 악단이 연주하고 있었다.

"어, 이거 꼭 텔레비전에 나오는 〈걸어서 세계 속으로〉 같은 다큐 찍는 것 같네!"

"보통 그런 곳에선 저기 춤추는 사람한테 인터뷰하고, 잠시 후엔 같이 춤추고 있던데."

춤추는 사람들을 구경하며 엄마와 우스갯소리를 나누고 있었다. 동영상을 찍고 있었는데 그들 중 가장 나이가 많아 보이는 할아버지가 나를 불렀다. 사람들은 날 쳐다보고, 할아버지는 웃으면서 춤추는 무리 속으로 날 데려갔다. 춤에는 전혀 관심이 없던 사람이라 당황했다. 그렇다

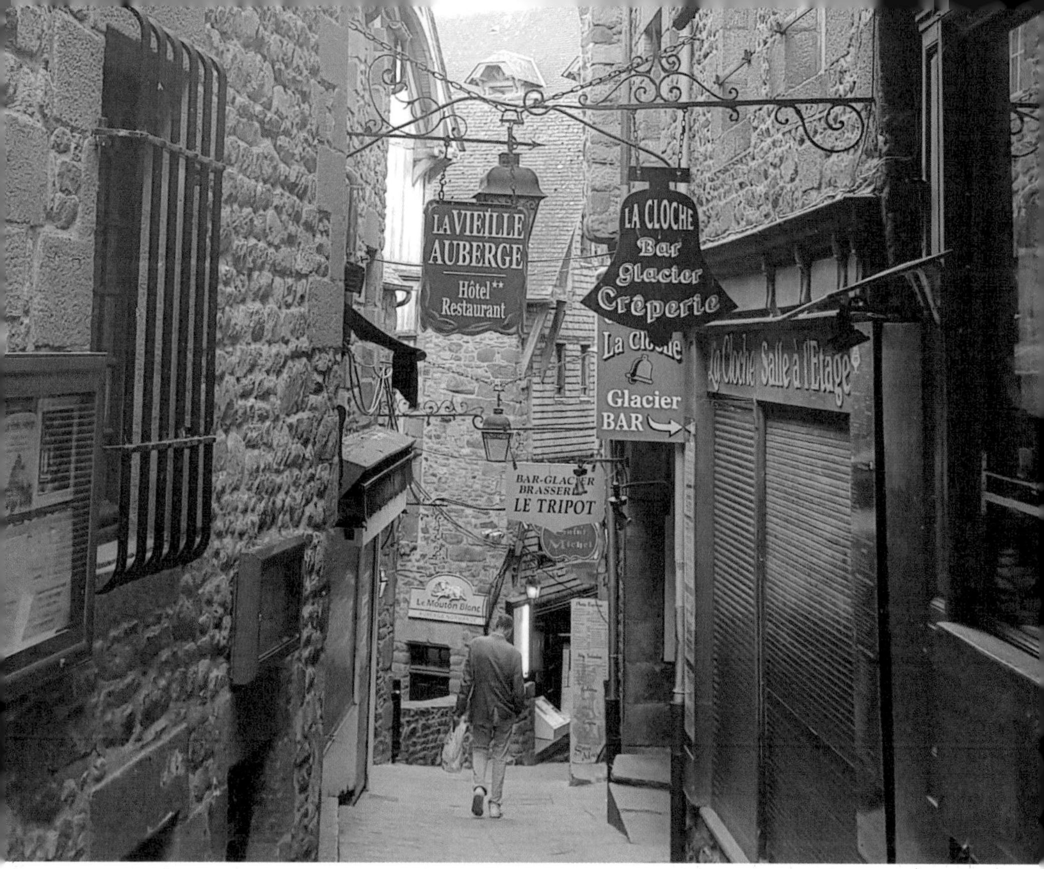

몽생미셸 거리

고 안 한다고 뿌리치고 나와버리면 분위기가 썰렁해질 것 같아 눈치껏 사람들을 따라 춤을 추기 시작했다. 엄마에게 도움의 눈빛을 보냈지만 엄마는 옆에서 깔깔 웃으면서 동영상을 찍었다. 처음엔 어색했지만, 나중엔 다 같이 신나게 춤추고 놀았다. 잠시 쉬는 시간에 할아버지는 이제 엄마를 불렀다. 저 멀리 도망가고 있는 엄마. 그래도 참 즐거워 보였다.

성안을 둘러보니 저녁이어서 그런지 문 닫은 상점들이 많았다. 아쉬운 대로 노을이 질 때까지 기다리며 성을 돌아다녔다. 워낙 작은 성이었기 때문에 금방 둘러볼 수 있었다. 한여름이라 해가 빨리 지지 않았지만, 성 구석구석 구경하며 엄마와 이야기를 나누다 보니 노을이 지고 있었다. 성 밖에서 노을과 함께 보고 싶어 서둘러 나갔다. 우리와 다들 비

슷한 생각을 한 건지 성이 보이는 다리엔 이미 많은 사람이 서 있었다.

눈물과 별

내 버킷리스트는 몽생미셸섬 하늘에 떠 있는 별을 보는 것이었다. 해가 지면 별을 보고 숙소에 들어갈 생각이었다. 이때 놓쳤던 두 가지가 있었다. 첫 번째는 해가 정말 길 때라 밤 11시가 넘어도 하늘이 캄캄해지지 않는다는 점이었다. 두 번째는 엄마가 밤을 무서워한다는 점이었다. 몽생미셸에 뜬 별을 보고 숙소에 돌아가고 싶었지만, 엄마는 빨리

숙소에 들어가길 원해서 아쉽게 셔틀을 타고 마을 입구까지 갔다.

몽생미셸에선 그렇게 떨어지지 않던 해가 셔틀을 타고 마을 입구로 가니 갑자기 확 어두워졌다. 문제는 다른 사람들은 마을 입구 숙소를 잡아뒀기 때문에 금방 들어갔지만, 우리는 입구에서도 약 20분을 더 걸어가야 한다는 것이었다. 길이 깜깜한 데다 차까지 다니니 엄마는 극도로 예민해졌다. 서운한 마음에 아무 대꾸도 하지 않고 걸었다.

숙소에 도착하고 나서야 엄마는 긴장이 풀렸는지 더 잔소리다. 물론 엄마의 말이 이해가 안 가는 것은 아니다. 하지만 내가 하고 싶은 것을 하지 못한 것에 대한 서운함도 쌓여 있었다. 속상하고 서운한 마음이 또 다시 눈물로 나오기 시작했다. 숙소 돌아오는 길이 그런 곳인 걸 당연히 몰랐지. 왜 모든 여행에 대한 책임을 나한테 묻는지 억울했다. 가장 서러웠던 건, 지금 밖에 나가면 별을 볼 수 있는데 보지 못한다는 점이었다. 한국에선 별 보기 힘들었기 때문에 이곳에 와서 꼭 보고 싶었는데, 서러운 마음이 쉽게 가라앉지 않았다.

내 눈치를 보다가 엄마가 한마디 건넸다.

"밖에 별 떠 있던데 여기 숙소 바로 앞에서 별 볼래?"

"아니요."

화해의 의미로 건넨 엄마의 말이었지만 쉽게 받아들여지지 않았다. 40일 넘게 엄마와 함께하면서 좋았던 것들도 있지만 힘들고 맞지 않았던 점들 하나하나를 다 쌓아둬서 그런지, 여행 막바지가 되니 마음이 조금 버거웠다.

"여기 봐 봐! 별이 진짜 잘 보인다! 빨리 와 봐!"

내 팔을 잡고 창문으로 데리고 가는 엄마에게 못 이기는 척 밖으로 나갔다. 정말 하늘에 수많은 별이 떠 있었다. 하늘이 낮은 듯, 별은 정말 컸고 잘 보였다. 유난히 반짝이는 별들을 이어보니 북두칠성이었다. 별을 보니 여태 여행하며 힘들었던 것들과 즐거웠던 것들 모두가 한데 모여 마음이 북받쳐 올라, 다시 눈물이 고이기 시작했다. 엄마에겐 보여주고 싶지 않아 티 나지 않게 눈물을 훔쳤다. 엄마는 눈치챘는지 말이 없었다. 그렇게 둘 다 조용히 별들만 바라봤다. 서운한 마음도, 서러웠던 일들도, 내 뜻대로 되지 않은 일도 있었던 이번 여행.

앞으로 일정이 며칠 남지 않았는데 마무리까지 잘할 수 있길 바라는 마음으로 하늘의 별을 하나씩 눈에 담아 두었다.

06 예술가가 사랑한 마을 / 에트르타

몽생미셸 투어를 할 경우, 보통 그 근처 해안 마을인 에트르타와 옹플뢰르를 같이 간다고 했다.

무리해서 가면 하루에 두 마을을 다 볼 수 있었지만, 그렇게까지 해서 여행하고 싶진 않았다. 이미 느긋하게 여행하는 것에 익숙해져서인지, 아니면 슬슬 에너지가 떨어질 때라 휴식이 더 필요할 때인지. 두 마을 사이에 있는 르아브르라는 곳에 숙소를 잡고 하루에 한 곳만 가는 걸로 정했다.

바다 위 코끼리

첫 번째로 간 곳은 코끼리 바위로 유명한 해안 마을, 에트르타였다. 마을은 작았지만, 아기자기하게 꾸며놓은 집들이 예뻤다. 해안가 마을

에트르타 엄마 코끼리(위)와 아기 코끼리(아래)

답게 갈매기들이 지붕과 담장에 앉아 사람들을 쳐다보고 있었다. 얼마나 사람들을 자주 봤는지 도망가지도 않는다. 바닷가까지 가는 거리는 짧지만 그래도 그 잠깐의 시간 동안 설레었다.

이윽고 눈앞에 펼쳐진 탁 트인 바다. 바로 양옆을 확인했다. 코끼리 바위가 늠름하게 반신욕을 하고 있었다. 동글동글한 조약돌 위에 앉아 바닷가를 바라보았다. 여름이라 그런지 몇몇 사람들은 바다에 들어가 물놀이하고 있었다.

코끼리 바위 위쪽으로 올라갈 수 있는 길이 있길래 산책할 겸 계단을 따라 걸어 올라갔다. 가는 길이 잔디로 덮여 있어서 소풍하는 것 같았

에트르타 고양이

다. 절벽 위의 잔디밭에는 이미 여러 사람이 누워서 시간을 보내고 있었다. 멀리서 보이는 엄마 코끼리 바위와 그 위에 덮여있는 잔디들은 자연의 아름다움을 뽐냈다. 해안가라 습도가 높아도 하늘은 맑았다 흐리기를 반복했다. 그런데도 코끼리 바위는 신비하고 묘한 분위기를 풍기고 있었다. 왜 인상파 화가들이 이곳을 많이 그렸는지 알 것 같았다.

바다와 바위, 갈매기와 바람에 살랑이는 잔디를 구경하다가 바람이 많이 불어 내려갔다. 마을 한 귀퉁이를 지나가다 만난 고양이는 나에게 꼬리를 바짝 들고 다가와서 비비기 시작했다. 가야 하는데 계속해서 따라오는 고양이에게 눈을 떼지 못하고 앉아서 쓰다듬어 주었다. 야옹거리며 몸을 치대는데 버스 시간 때문에 더 놀지 못하고 일어났다. 아쉬움에 계속 고양이에게 인사만 건네고 에트르타를 떠났다.

07 아름다운 항구 마을 / 옹플뢰르

골목도 예뻤던 항구 마을

아침부터 흐리더니, 옹플뢰르는 조금씩 비가 오다 그치기를 반복했다. 이곳은 항구 마을답게 알록달록한 배들이 옹기종기 모여 있었다. 그 뒤에는 길쭉한 집들이 모여 있었다. 약간은 칙칙해 보였지만, 나름대로 운치가 있었다.

항구만 보기엔 시간이 많아 골목길을 들어갔다. 특색있게 꾸며놓은 집들, 알록달록한 골목길에 엄마와 나는 눈이 휘둥그레졌다. 아침 시간이라 그런지 아직은 문 닫은 가게들이 많았지만, 그래서 덕분에 조용하고 사람들 없이 여유롭게 구경할 수 있었다.

마을 안을 돌아다니는 하얀색 꼬마 열차도 있었다. 작은 열차에 열 명도 안 되는 사람들을 싣고 마을 골목길을 이리저리 돌아다니고 있었다. 꼭 문 닫은 놀이공원에 몇 명만 풀어놓고 있는 것 같았다. 기차가 지나

옹플뢰르 항구

갈 때 빼고는 사람들의 목소리도 잘 들리지 않았다. 그런 묘한 분위기 속에서 한참 구경하다가 다시 항구 쪽으로 돌아갔다.

(위) 옹플뢰르 골목 (아래) 옹플뢰르 마을을 다니는 기차

08 꽃이 가득한 곳 / 지베르니

꽃 속에서

우리의 마지막 목적지는 모네의 정원이 있는 지베르니였다. 베르농이라는 곳에서 꼬마 기차를 타고 들어가야 하는 곳이었다. 꼭 놀이공원 가는 길에 타는 기차 같은 느낌이라 시작부터 동심을 자극했다. 사람들이 모일 때까지 기다렸다가 기차를 타고 마을로 들어갔다. 말만 꼬마 기차지, 꽤 큰 도로를 오래 달렸다. 방송에서는 마을 곳곳을 영어로 말해주고 있었다.

도착한 지베르니는 정말 작은 마을이었다. 일자로 길게 뻗어있는 거리와 그 사이에 작은 골목길 몇 개가 전부였다. 다 펼치면 2km도 안 될 것 같은 마을, 그 작은 마을의 끝에 모네의 정원이 있었다. 다음 날 방문할 계획이어서 들어가지는 않고 기념품 가게 먼저 들어가 봤다. 소품들은 꽃과 정원 느낌이 물씬 났다.

마을로 들어가는 꼬마 열차

마을이 참 예뻤다. 지금이 가장 예쁘지 않을까. 곳곳에 꽃들이 활짝 펴 있고, 저녁 시간이었지만 해가 길어 노릇한 햇빛이 길을 비추고 있었다. 당일치기로 많이 왔다가 가는 곳이라 그런지, 시간이 지날수록 사람들이 많지 않아 조용하고 여유로웠다. 꽃을 좋아하는 엄마는 한 걸음마다 사진을 찍었다. 길가에 흐드러지게 피어 있는 꽃이 엄마의 발걸음을 계속 붙잡았다.

워낙 마을이 작아서 두세 번 왕복해 보니 눈을 감아도 기억이 다 날 정도였다. 한국에 돌아가기 전 마지막 마을인데 날씨도 좋고 꽃들도 예쁘게 피어 있어서 다행이었다. 엄마가 행복해서 나도 덩달아 행복

온 마을이 꽃과 풀로 가득

해졌다.

내가 숙소에서 쉬는 동안 엄마 혼자 동네 산책을 하고 돌아왔다. 행복해 보이는 표정과 어딘가 들떠 있는 듯한 채로.

"이곳에 숙소 잡을 생각을 어떻게 했어. 우리 딸 정말 고맙고 기특하네."

"오후부터 다음 날 오전까지 느긋하게 볼 수 있으니 좋죠!"

"응. 오후에 여행객 다 떠나고 조용할 때 혼자 산책하고, 혼자만의 시간을 가질 수 있어서 너무 행복하더라."

모네의 집

모네의 정원

느긋하게 조식을 먹고 나갈 준비를 했다. 창밖으로 들리는 사람들의 목소리가 어제와는 다르게 꽤 활기찼다. 아침 햇살을 받으며 모네의 정원으로 사람들이 서둘러 걸어가고 있었다.

정원 안에는 이미 많은 사람이 있었다. 그 사이에 껴서 타의로 천천히 걸으며 구경하니 금방 피곤해졌다. 어제의 그 평화롭던 지베르니 마을의 느낌이 그리웠다.

그런데도 물의 정원은 아름다웠다. 식물들이 한창일 때인 6월 말, 여

모네의 정원

러 종류의 꽃들도 활짝 피어 있었다. 특히 지금은 연못 위의 연꽃들이 슬슬 피기 시작하는 시기였다. 모네의 그림 〈수련〉이 떠올랐다. 연못에 비친 나무들과 하늘 또한 그림 같았다. 봄의 아름다움과 여름의 싱그러움을 함축하면 딱 이런 모습이지 않을까?

여러 종류의 나무들 사이에 초록색 다리가 보였다. 그 위에선 사람들이 돌아가며 사진을 찍고 있었다.

연못이 있는 정원에서 나와 모네의 집으로 걸어갔다. 안에도 사람들이 참 많았다. 모네의 방을 구경하고, 벽에 걸린 그림들을 봤다. 미술관에서 볼 법한 그림들도 걸려 있었고, 조금은 낙서 같은 그림들도 걸려 있었다. 방마다 사무라이 그림들이 많았다. 일본풍의 자기와 그릇들도 있었다. 인상주의 화가들이 활동하던 당시에 일본풍이 유행했는데, 모네가 일본풍을 좋아했다는 이야기를 들은 적이 있다. 나는 사무라이 그림을 좋아하지 않아 빠르게 훑고 지나갔다.

숙소로 돌아가는 길이 이번 여행의 마지막이라는 생각에 아쉬워서 괜히 이곳저곳 둘러보고 걸어 다녔다. 하지만 꼬마 기차를 타러 가야 했기 때문에 숙소로 돌아가 짐을 챙기고 버스정류장으로 돌아갔다.

09 돌아오는 길

다시 비행기

출국 당일까지도 아침에 지베르니 일정을 소화했다. 지베르니에서 공항 가기 전 파리에 갔다. 생각보다 일찍 도착해서 뭐라도 사려고 쇼핑센터에 갔다. 여행을 갔으면 기념품은 사야지, 하는 생각으로 둘러보는데 생각보다 살 만한 것들이 없었다. 먹을 거나 사 가자, 하고 과자나 초콜릿, 꿀 정도를 샀다. 그리고 공항에 미리 가 있어야 할 것 같아 공항으로 가는 열차를 탔다.

이번 여행으로 미리미리 하는 것이 습관이 되어선지 최소한 30분에서 1시간씩은 먼저 가는 데 익숙해졌다. 덕분에 지하철을 탈 때도, 기차를 탈 때도, 무엇을 하든 미리 했다. 문제는 비행기가 계속 연착되었고, 우리는 공항에 너무 일찍 도착했다는 것이다. 다시 나가서 구경하러 갈 수도 없고, 면세점 쇼핑을 할 생각이었는데 끝에 있는 터미널이어서 살

만한 것도 별로 없었다.

빨리빨리 하면 한국인이라 했던가, 한국행 비행기 터미널 의자엔 이미 많은 사람이 앉아 있었다. 오후 9시 비행기는 10시 반, 11시, 11시 반으로 계속 늦춰졌다. 점점 사람들이 의자 위에서 늘어져 있었다. 다행인 점은 그 시간에 축구 중계를 하고 있었다. 앉아서 조는 사람들, 핸드폰을 보는 사람들, 축구를 보는 사람들. 사람들 구경을 하다가 엄마와 이야기를 나눴다. 함께한 여행은 좋았던 것, 아쉬웠던 것 모두 마음에 품고 추억들을 쌓을 수 있어서 참 좋았다.

"평생 간직할 수 있는 추억거리 만들어줘서 고마워."

"저도 고마워요. 다음에 또 같이 여행가요!"

"그럴까? 어디로 갈까?"

"엄마 가고 싶은 곳으로~."

20~30년 전 여행 갔던 걸로 지금까지 추억을 되새김질하며 행복해하던 엄마에게 새로운 추억거리를 줄 수 있어서 참 뜻깊었다. 두고두고 나와 함께했던 여행을 생각하면서 행복했던 기억만 남기를 바랐다. 그리고 다음에도 기회가 된다면 엄마와 또 새로운 곳으로 여행을 떠나고 싶다. 물론 티격태격 안 맞는 부분도 있었지만, 함께했을 때 행복이 훨씬 컸던 가장 사랑하는 여행 동료였으니까.

Chap. 10

여행 전 체크해야 할 것들

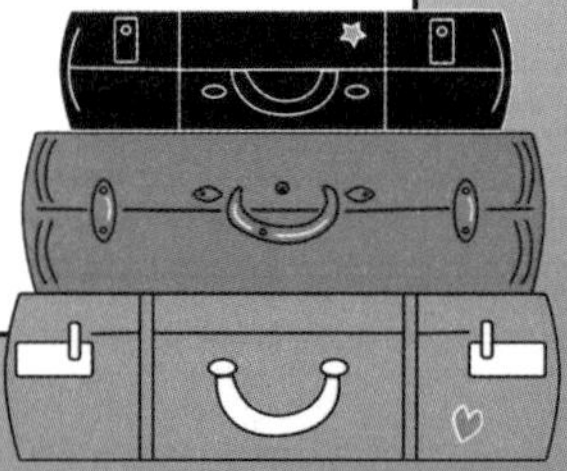

01 간략한 동선 짜기

여행의 시작은 여행 경로를 정하는 것부터라고 할 수 있다. 가고 싶은 나라와 도시들을 먼저 정해보자. 파리, 로마 등 주요 도시부터 히트호른이나 오르비에토 같은 작은 마을까지. 먼저 큰 도시 위주로 지도 위에 표시하고 그 지역을 동선 낭비가 적은 경로로 이어본다. 보통은 시계 방향 또는 반시계 방향으로 돌아간다.

유럽 여행에서 가장 많이 가는 나라는 프랑스, 이탈리아, 스위스, 영국이다. 그만큼 볼 것도 많고 나라가 크기 때문에 보내는 시간도 길다. 스위스는 자연을 보러 가거나 익스트림 스포츠를 즐기러 가는 경우가 있어 사람마다 투자하는 시간의 정도가 다르다. 나머지 세 나라는 관광지도, 박물관이나 미술관도 크고 많아 그 나라에서 보내는 시간이 더 많다.

여행의 일정 또한 경로를 잡는 데 중요하다. 주어진 시간이 일주일 정도밖에 되지 않는데 4개국, 5개국 이상을 돌아보려 하는 것은 큰 욕심이

실제 50일 동안 여행했던 경로

다. 물론 수박 겉핥기식으로 한번 훑고 지나가는 정도로 본다면 가능하겠지만 금방 지칠 수도 있다. 또한 이동하는 데 시간을 다 쓰게 될 수도 있다.

시간이 정말 없다면 한 나라에서 여러 지역을 돌아보는 것도 좋은 방법이다. 프랑스 같은 경우 열흘 이상의 시간도 턱없이 부족한 나라였다. 프랑스, 이탈리아, 스위스, 영국, 스페인처럼 큰 나라 한두 개 잡고, 그 안에서 여러 도시를 돌아다니는 것도 좋은 선택 중 하나일 것이다.

만약 한 나라에서 수도나 주요 도시 한 군데 위주로 관광한다면 아래의 조건으로 선택하면 된다. (ex. 영국 - 런던, 프랑스 - 파리 등)

1) 나는 대도시 위주로 명소만 슬쩍 보고 넘어갈 거야! → 2박

2) 나는 대도시를 조금 더 자세히 보고 싶어! → 3박

3) 나는 대도시뿐만 아니라 근교도 한 군데 정도 더 가보고 싶어! → 4박

02 숙소 잡는 팁!

1) 숙소를 잡을 땐 하나의 예약 사이트에서 관리하는 것이 편하다.

물론 최저가만을 따라 이곳저곳에서 잡는 것이 가성비가 좋을 수는 있지만 가격 차이가 그렇게 많이 나지 않는다. 특가일 경우나 호텔에 직접 예약해야 하는 경우 아니고선 호텔 예약 플랫폼 한 군데를 정해두자.

- 부킹닷컴 : http://www.booking.com
- 아고다 : http://www.agoda.com
- 호텔스컴바인 : http://www.hotelscombined.co.kr
- 익스피디아 : http://www.expedia.co.kr

2) 역과 가까울수록 좋다.

캐리어를 끌고 익숙하지 않은 동네를 숙소 찾아 삼만리로 다니다 보면 관광 시작도 전에 지쳐버린다. 물론 역과 먼 지역보다는 비쌀 확률이 높다. 하지만 역에서 숙소까지 약 10분~15분 사이 거리의 저렴한 숙소도 많이 찾을 수 있다.

3) 가격에만 몰두하지 마라. 이왕이면 싼값에 가는 것은 당연히 좋다.

하지만 저렴한 대신 시설이 정말 별로인 곳에 간다면 묵는 내내 언짢을 수도 있다. 저렴한 데에는 다 이유가 있기 마련이다. 우리가 묵었던 로마의 숙소는 햇볕이 들지 않아 꿉꿉한 곰팡내가 났고, 마지막 날에는 문고리가 빠져 방에 갇힐 뻔한 적도 있었다. 하루만 묵는다면 모르겠지만, 2박 이상 묵으면 숙소에서 쉰다는 느낌이 들지 않아 더 피곤한 때도 있었다.

4) 런던, 로마, 파리 등 대도시는 에어비앤비도 괜찮다.

큰 도시에서는 오래 묵어야 하는데 숙소를 찾아보면 가격대가 꽤 높은 것을 볼 수 있다. 2박, 3박만 해도 몇십만 원이 훌쩍 깨지는데, 만약 가성비를 찾고 싶다면 에어비앤비를 찾아보는 것도 괜찮다. 물론 돈을 조금 더 주더라도 잘 관리된 호텔에 묵고 싶다면 그렇게 하는 것도 좋다.

– 에어비앤비 : http://www.airbnb.co.kr

5) 야경을 봐야 하는 곳일 경우, 숙소를 야경 장소 근처에 잡는 것도 좋다.

내 경우 밤에 돌아다니길 무서워하는 엄마와 함께 여행하다 보니, 야경을 잘 볼 수 있는 근처에 숙소를 잡았다. 유럽은 우리나라와 다르게 밤에 돌아다니는 것이 조금 부담스러울 수도 있다. 치안이 한국만큼 좋지 않기 때문에 긴장하며 다닐 수밖에 없다. 특히 부모님과 함께 간다면 더욱 밤에 이동하기는 힘들 수도 있다. 야경을 보지 않아도 된다면 역 주변이 가장 좋지만, 야경을 봐야 하는 곳이라면 야경 장소 근처에 숙소를 잡는 것도 하나의 방법이다. 물론 숙소까지 캐리어를 끌고 가야 한다는 점은 감수해야 한다.

6) 가장 중요! 숙소의 후기를 꼼꼼히 확인해야 한다.

특히 한국인들의 후기가 많은지, 그리고 좋은지 봐야 한다. 한국인들이 많이 묵는 곳이라면 평균 이상인 경우가 많다. 다른 후기도 봐야겠지만 제일 중요하게 봐야 하는 것은 '베드버그'에 관련된 이야기다. 벌레가 나왔다는 후기가 있다면 뒤도 돌아보지 말고 예약하지 말 것. 외국인의 후기보다도 한국인의 후기가 많은 곳으로 가면 실패할 확률이 낮다.

또한 엘리베이터가 있는지, 몇 층인지 확인하자. 외국엔 엘리베이터가 없는 경우가 많다. 무거운 짐을 들고 숙소까지 올라가는 건 정말 힘든 일이다. 후기를 확인해서 층수가 많았는데 엘리베이터가 없었다는 이야기가 있는지 봐야 한다. 2층 정도의 높이는 괜찮지만 3층을 넘어가는 경우는 힘들다.

동아시아와 미국에선 지상에서 첫 번째 층을 '1층'으로 표시한다. 하지만 유럽 대부분 지역에선 지상 첫 번째 층을 'Ground floor'(G, G/F)로 표기하고, 두 번째 층부터 '1층(first floor)'이라고 한다. 만약 설명에 first floor라고 쓰여 있다고 해도 막상 가면 2층일 수도 있다. 그래서 꼭 후기로 확인을 해봐야 한다.

여행에서 숙소는 정말 중요하다. 방 안에서 등만 붙이면 바로 잘 수 있는 사람이면 선택하는 데 부담이 덜 할 것이다. 하지만 예민한 성격인 경우 방음이 안 되거나 빛이 들어와 잠을 못 잘 수도 있다. 난방이나 온수가 잘 안되는 곳도 있다. 정말 편하게 여행하고 싶다면 돈을 좀 더 주더라도 호텔에서 묵는 것이 가장 좋다. 특히 엄마와 함께하는 여행은 호텔을 추천한다. 잠을 못 자 지쳐있는 상태로 여행하게 되면 별것 아닌 문제로도 예민해지고, 서로 오해할 수도 있으며, 그러면서 상처를 받을 수도 있다. 엄마와 함께 다닐 때 '의식주'는 정말 신경을 써야 여행의 질이 달라질 수 있다.

03 예약에 대한 모든 것!

1. 교통편 예약

1) 항공

- 최저가를 여행 가기 몇 달 전부터 계속 찾아봐야 한다. 보통 6개월 전후가 가장 싸다고 한다. 경유로 가면 저렴하게 갈 수 있지만, 엄마와 함께 갈 땐 무조건 직항을 추천한다. 오랜 비행시간으로 여행을 시작하기 전부터 컨디션이 안 좋은 채로 다닐 수 있기 때문이다.
- 여름은 유럽의 성수기 중 성수기이다. 많은 사람이 가기 때문에 항공 값은 그만큼 더 뛴다. 대신 하루가 아주 길어 밤늦게 해가 져서 아침 일찍부터 밤늦게까지 돌아다닐 수 있다. 겨울은 비수기인 만큼 가격은 성수기에 비해 저렴한 편이다. 하지만 오후 4시만 넘어가도 해가 져서 저녁 이후엔 활동하는 것에 제약이 많아진다. 봄이나 가을에 가는 것이 가장 무난하고 괜찮은 듯하다. 가격은 성수기

때보다는 저렴하지만 해는 적당히 긴 편이라 알차게 돌아다니기 좋다. 특히 꽃과 정원을 좋아한다면 봄~여름에 가는 것을 추천한다. 가장 꽃이 예쁘게 펴있을 때여서 어딜 가나 생기있는 마을을 볼 수 있기 때문이다.

- 도시 간의 이동을 비행기로 하는 경우 저가 항공을 많이 이용할 텐데, 저렴한 만큼 짐 분실의 위험도 있고 연착은 밥 먹듯 한다. 예약 시간 변경 등도 힘들어서, 일정을 탄탄하게 잡고 나서 예약해야 한다.
- 스카이스캐너 : http://www.skyscanner.co.kr
- 라이언에어 : http://www.ryanair.com
- 이지젯 : http://www.easyjet.com

2) 기차

일정이 짧은 경우, 일정이 모든 면에서 확실하게 잡혀있는 경우, 나라와 도시 간의 이동이 별로 없는 경우엔 기차나 버스 등 표를 미리 사는 것이 가장 저렴하다. 미리 예매한다면 비행기도 저렴하게 이용할 수 있다.

국가 간 이동을 할 때는 기차와 항공에 따라 장단점이 나뉜다. 항공은 이동시간이 짧다는 장점이 있다. 하지만 공항까지 가서 복잡한 절차를 밟고 나서 비행기를 타야 한다. 내린 후엔 또 공항에서 시내까지 대중교통이나 택시 등을 이용해서 이동해야 한다. 기차는 이동시간이 길지만, 보통 기차역 중심으로 시내가 형성되기 때문에, 이동이 오히려 쉬울 수 있다. 시간만 보자면 비행기나 기차나 걸리는 시간은 비슷할 수도 있다.

가야 할 나라가 붙어있는 경우는 기차를 타는 것이 더 유리하다. 시내로 들어가기도 편하다. 바로 옆 나라로 이동하는 것이 아니라 멀리 떨어진 나라 혹은 도시끼리는 비행기가 편할 것이다. 한 번에 이동하는 기차가 있다 하더라도 시간이 정말 오래 걸릴 것이고, 대부분은 중간에 계속 갈아타야 할 텐데 유레일 패스가 없이 구간권이라면 그마저도 정말 복잡할 것이다.

저렴하게 간다면 구간권이 정말 유리하지만, 돈을 조금 더 주더라도 마음 편하게 이용할 거면 유레일 패스를 이용하는 것이 좋다. 유레일 패스도 종류가 정말 다양하다. 자신에게 맞는 유레일 패스를 구매하면 좋다. 나는 엄마를 모시고 가다 보니 이등석보단 일등석이 편할 것 같아 일등석 유레일 패스를 구매했다. 유레일 패스에 예약금까지 한다면 이 방법이 가성비가 좋지 않을 수도 있다. 하지만 우리처럼 50일 여행하는 동안 2달권으로 기차를 90번 이상 탔다면, 가성비가 좋은 것이 아닐까.

유레일 패스가 있다고 모든 곳을 공짜로 탈 수 있는 것은 아니다. 그렇기에 항상 기차 앱으로 예약이 필수인지 확인해야 한다. 필수가 아니더라도 많은 사람이 타는 기차라면 예약 권장인 경우도 있다. 유레일 패스는 이미 예약되어 있는 사람들을 제외한 다른 빈 좌석에 앉아서 가는 것이기 때문에, 이등석보단 일등석 자리가 더 여유 있다. 일등석은 자리도 편하고 사람도 별로 없어 쾌적하다. 또한 몇몇 개의 기차에선 간식 등도 주니 돈이 조금 여유가 있다면 일등석 유레일 패스를 끊는 것도 좋다. 앱으로 예약하는 방법은 쉬우니 큰 부담은 안 가져도 된다.

〈반드시 유레일 패스 예약이 필요한 열차〉

국가 간 이동하는 대부분의 열차, TGV, 탈리스, 야간열차, 테마열차 등

〈유레일 패스가 유리한 지역〉

스위스(조건부 유리), 독일, 오스트리아, 동유럽(크로아티아 제외)

- 유레일 패스 : http://www.eurail.com/ko
- 레일유럽 : http://www.raileurope.com
- 오미오: http://www.omio.co.kr

3) 버스

소도시끼리 이동할 땐 버스가 더 편한 경우도 있다. 특히 동유럽의 경우 기차보단 버스로 이동하는 경우가 많다. 가장 대표적인 버스로는 플릭스버스, 레지오젯, 레오익스프레스 등이 있다. 플릭스버스는 잦은 연착과 취소가 있지만 그만큼 노선이 많고 요금이 저렴해서 많은 사람이 이용하고 있다. 다른 교통수단과 마찬가지로 예약할 경우 가격이 더 저렴해진다.

플릭스 앱을 통해서도 예약할 수 있지만, 결제 오류가 너무 자주 발생하므로 한국에서 미리 홈페이지를 통해 예약하는 것을 추천한다. 버스이다 보니 목적지가 촘촘하게 나뉘어 있어 잘 확인해야 한다.

– 플릭스버스 : http://global.flixbus.com

4) 관광지 예약

찾아보면, 관광지 예약을 무조건 해야 하는 곳도 있고, 예약을 권장하는 곳도 있다. 하루 전 예약해도 되지만 자리가 없을 수도 있고 한국에서 미리 하면 더 저렴하다.

우리는 뮤지엄 패스(파리), 콜로세움, 바티칸 투어, 반고흐 미술관 정도를 예약했다. 보통 홈페이지를 통해서 예약할 수 있다.

04 준비물 리스트

준비물은 워낙 다양하므로 리스트를 미리 만들어 체크하며 짐을 챙기는 게 좋다. 여행 출발 전까지도 쓰는 세면도구나 화장품 등은 더 꼼꼼히 확인하고 넣어야 한다. 캐리어에 담아야 하는 것들과 기내 가방 안에 넣어야 하는 것들로 구분해서 정리해두면 좋다. 사람마다 필요한 것이 다르고 그래서 짐 싸는 것에 대해 정답은 없지만 그래도 어느 정도는 비슷하기에 기본적인 준비물 리스트를 첨부해봤다.

- 여권과 여권 사본, 한국에서 이미 산 패스권 등 가장 기본적인 것들은 점검하고 또 점검하기. 다른 것들은 외국에 나가서도 마트에 가면 쉽게 살 수 있지만, 이런 것들은 잃어버리면 골치 아프거나 쓸데없는 지출로 많이 나가게 된다.
- 유럽은 아직 동전을 많이 쓰기 때문에 동전 지갑을 가지고 가면 편하다. 매번 카드를 쓰기엔 수수료가 많이 나가기 때문에 메고 다니는 작은 가방 안에 넉넉하게 들어갈 수 있는 동전 지갑을 넣어 들고

□ 여권 □ 여권 사본 □ 바우처 □ 유레일 패스 □ 뮤지엄 패스 □ 여행자보험 □ 환전 □ 유심칩 □ 신용카드 □ 필기도구 □ 증명사진	□ 치약, 칫솔 □ 비누 □ 샴푸, 린스 □ 수건 □ 족집게, 귀이개 □ 고데기 □ 머리 끈 □ 렌즈, 안경 □ 손톱깎이	□ 소화제 □ 멀미약 □ 진통제 □ 감기약 □ 연고 □ 밴드 □ 영양제 □ 파스 □ 베드버그 약 □ 생리용품	□ 선크림 (얼굴, 바디) □ 토너, 로션, 크림 □ 화장용 솜 □ 클렌징오일/폼 □ 색조화장품 □ 립밤 □ 마스크팩
□ 경량 패딩 □ 숄 □ 옷 □ 잠옷 □ 속옷 □ 양말 □ 실내용 슬리퍼 □ 샌들 □ 모자 □ 선글라스	□ 목베개 □ 동전 지갑 □ 지퍼백 □ 귀마개 □ 자물쇠/스프링 줄 □ 에코백 □ 안대 □ 손목시계 □ 우산 □ 이쑤시개/치실	□ 충전기 □ 변압기 □ 보조배터리 □ 멀티탭 □ 이어폰	

다니도록 하자.

- 소매치기가 정말 많은 유럽. 항상 메고 다니는 작은 가방은 몸 앞으로 메고 다이소에서 파는 스프링 줄을 사서 지갑과 가방을 이어준다. 또한 가방과 핸드폰 또는 머리 끈과 핸드폰을 이어준다면 조금 더 안심하고 다닐 수 있을 것이다.
- 경량 패딩과 내복, 목폴라 한두 개씩은 꼭 챙기자. 여행가는 계절에 따라 다르겠지만, 여러 나라에 들르게 될 경우, 다양한 날씨를 맞닥뜨리게 될 것이다. 실제로 여행했을 때 할슈타트는 기온이 8°여서 캐리어에 있는 모든 옷을 다 껴입고 다녔는데, 다음 날 잘츠부르크에선 더워서 반팔 하나만 입고 돌아다닌 적이 있다. 같은 나라인데도 날씨에 따라 옷차림이 많이 달라질 수 있다. 두꺼운 옷을 하나 입는 것보단 여러 개의 얇은 옷을 겹쳐 입는 것이 더 따뜻하다. 여

행 다니면서 감기 걸리거나 컨디션이 안 좋으면 아무리 좋은 풍경, 좋은 장소여도 좋은 추억을 쌓기가 힘들다. 덧붙여서, 겨울엔 난방이 잘 안돼 추운 숙소들이 있다. 패딩을 입고 잘 수는 없으니, 얇은 전기담요나 전기장판을 가져가는 것도 좋은 방법이다.

- 보조배터리는 용량이 큰 것을 추천한다. 물론 가방에 넣고 다니면 무겁겠지만, 사진과 길 찾기, 정보 찾아보기 등 모든 것을 핸드폰으로 하는 요즘, 만약 배터리가 부족하다면 난감해질 수밖에 없다. 보조배터리는 꼭 들고 가길 추천한다.
- 유럽의 전압은 다양하다. 220V에서 240V이기 때문에 변압기를 꼭 챙겨가야 한다. 만약 못 챙겼다 해도 유럽 마트에 가면 판매하고 있으므로 그곳에서 구매해서 사용해도 된다.
- 신용카드나 체크카드는 꼭 확인하고 가져가야 한다. 유럽에서 사용할 수 있는 카드인지, 한도가 어느 정도인지, 잔액을 확인할 수 있는지 등 꼼꼼히 따져서 가져가야 한다.
- 기내 가방 준비물

  긴 시간 동안 비행기 안에 있어야 하므로 필요한 것들은 따로 에코백 같은 곳에 담아서 들고가면 된다. 식사한 후 사용할 세면도구, 건조한 기내에서 수분 보충을 위한 로션과 립밤 등은 따로 빼두는 게 좋다.

05 유용한 휴대폰 앱

Google Maps
구글 지도

DB Navigator
독일 기차 앱

Eurail/Interrail Rail Planner
유레일 패스 앱

Flix Bus
플릭스버스

아고다
숙박시설 예약 앱

MeteoSwiss
스위스 날씨 앱

트리플
여행 정보 앱

Skyscanner
항공권, 호텔, 렌터카 앱

SBB Mobile
스위스 기차 앱

Omio
유럽 기차, 버스, 비행기

부킹닷컴
숙박시설 예약 앱

에어비앤비
숙박시설 예약 앱

트립어드바이저
여행 정보 앱

파파고
번역 앱

06 유럽 내 간략한 이동시간 정보

런던 → 노팅힐 30분	베니스 → 부라노섬 2시간 베니스 → 아시시 5시간
런던 → 옥스퍼드 1시간 50분	
런던 → 라이 2시간	
런던 → 브뤼셀 3시간 브뤼셀 → 브뤼헤 1시간	아시시 → 로마 2시간 30분
브뤼헤 → 로테르담 3시간	로마 → 바티칸 30분
로테르담 → 델프트 15분 로테르담 → 킨데르데이크 30분 로테르담 → 암스테르담 1시간	로마 → 오르비에토 2시간 오르비에토 → 시비타 30분
암스테르담 → 히트호른 4시간 암스테르담 → 프랑크 4시간	로마 → 라스페치아 4시간
프랑크 → 로텐부르크 2시간 반	친퀘테레 → 밀라노 3시간 밀라노 → 벨라조 2시간
퓌센 → 프라하 8시간 10분	벨라조 → 체르마트 5시간 반

프라하 → 드레스덴 2시간 프라하 → 체스키 크롬로프 3시간	체르마트 → 인터라켄 2시간 반 인터라켄 → 뮈렌 1시간 인터라켄 → 툰 2시간 인터라켄 → 베른 1시간 인터라켄 → 루체른 2시간 인터라켄 → 그린델발트 40분
체스키 → 할슈타트 3시간	그린델발트 → 스트라스부르 4시간 반
할슈타트 → 잘츠부르크 3시간	스트라스부르 → 디종 2시간
잘츠부르크 → 빈 2시간 30분	디종 → 파리 1시간 반
빈 → 브라티슬라바 1시간 빈 → 부다페스트 2시간 30분	파리 → 베르사유 1시간 파리 → 몽생미셸 3시간
부다페스트 → 자그레브 5시간	
자그레브 → 플리트비체 2시간 반 자그레브 → 류블랴나 2시간	몽생미셸 → 파리 3시간 파리 → 르아브르 2시간 반
류블랴나 → 블레드 1시간	르아브르 → 에트르타 1시간 르아브르 → 옹플뢰르 30분 르아브르 → 지베르니 1시간 반
블레드 → 베니스 7시간	지베르니 → 파리 1시간

부록 우리는 50일 동안 얼마나 들었을까? (2인 기준) (단위: 원)

		교통	숙소	식비	관람	쇼핑	기타	
가기 전	항공	1,940,000						
	유레일 패스	1,700,000						
	뮤지엄 패스				160,000			
	바티칸 투어				50,000			
	플릭스버스	74,000						
	숙소 선결제		3,870,000					
	CK셔틀(할슈)	80,000						
	유로스타	110,000						
	유심칩						80,000	
	여행자보험						63,000	
	반고흐 미술관				49,000			
	*유레일(분실)	970,000						

여행 중	영국	132,000	65,000	270,000	74,000	80,000	43,000	664,000
	벨기에		96,000	76,000			6,000	178,000
	네덜란드	24,000		120,000	32,500	65,000	18,000	259,500
	독일	70,000	250,000	240,000		45,000	95,000	700,000
	체코	15,000	55,000	200,000				270,000
	오스트리아	85,000	330,000	160,000	73,000	10,000	5,000	663,000
	슬로바키아			80,000				80,000
	헝가리	14,000	110,000	30,000			10,000	164,000
	크로아티아		76,000	80,000			100,000	256,000
	슬로베니아	10,000	170,000	125,000				305,000
	이탈리아	290,000	300,000	350,000	50,000		180,000	1,170,000
	스위스	140,000	220,000	320,000		40,000	40,000	760,000
	프랑스	220,000	160,000	420,000	50,000	250,000	100,000	1,200,000

합계	5,874,000	5,702,000	2,471,000	538,500	490,000	740,000	15,815,500

TIP 짐이 많을 땐 우체국을 이용하자!

짐 쌀 때는 이것저것 필요할 것 같아 다 챙겼지만, 막상 여행하는 동안 사용하지 않거나, 입지 않는 옷들이 생길 수 있다. 아니면 앞으로는 따뜻한 나라만 남았는데 캐리어에 두꺼운 외투가 있다거나…. 이럴 때 여행 중반부쯤 우체국에서 택배를 보내는 것도 좋은 방법이다.

물론 해외 배송이다보니 배송비가 꽤 많이 나가는 경우가 있다. 무게와 크기에 따라 다르겠지만 보통 짐의 무게를 생각했을 때는 5~10만 원 정도는 생각해야 한다. 여행 일정이 얼마 남지 않았을 때는 물론 돈이 아까울 수도 있지만, 앞으로 몇 주~몇 달 이상이 남았다면 중간에 짐을 정리하는 것이 정신 건강에도 좋을 수 있다.

우체국의 위치는 구글 지도에 검색해보면 자세히 나온다. 가장 가까운 곳 또는 영업시간에 맞춰서 갈 수 있는 곳을 찾아가면 된다.

우체국에서는 한국과 비슷하게 기계에서 번호표를 뽑으면 된다. 웬만한 기계에 영어도 있어서 쉽게 찾을 수 있을 것이다.

그 뒤부턴 직원이 하라는 대로 하면 된다. 상자를 구매한 후 직원이 주는 종이에 정보를 정확하게 적으면 된다.

계산한 후엔 영수증과 함께 택배 번호와 추적할 수 있는 사이트를 알려준다. 검색해서 보면 되는데, 그렇게 정확하지는 않아서 큰 의미는 없다. 보통 1~3주 정도 걸린다고 한다. 한국에 도착했을 때 한국 우체국에서도 검색할 수 있는데, 그때는 구체적인 날짜를 알 수 있다.

어느 나라든 우체국은 다 있으니 인터넷에 지역별 우체국을 검색해서 방법을 찾아봐도 된다. 짐을 보낼 땐 귀중품보다는 만약 없어져도 크게 타격은 없지만 불필요한 것들 위주로 보내도록 하자. 짐 분실이 잦지는 않지만 만에 하나 분실하더라도 찾기 힘들기 때문이다.